影像南大

——南京大学百年图传

主　编　吴　玫
副主编　王瑞宇　包海峰
参编人员　树　珊　杨小妹　胡菁羚　姜　艳　郁　青

南京大学出版社

南京大學校史 博物館

时年九九 顾毓琇题

原中央大学校长顾毓琇2001年为"南京大学校史博物馆"题名（时年99岁）

校史赋

莫砺锋

惟我南大,创自三江。

波澜既阔,丽泽成双。

广居正位,校名中央。

煌煌金大,比翼雁行。

百年风雨,多难兴邦。

诚朴雄伟,正正堂堂。

名师辈出,群彦汪洋。

邃密科学,绚烂文章。

青衿济济,桃李芬芳。

切磋琢磨,特达珪璋。

与时俱进,乘运更张。

数度乔迁,卜宅吉乡。

钟山郁郁,大江汤汤。

奠千秋基,启万里航。

巍峨史馆,肃穆门墙。

丹书青简,乔乔皇皇。

摩挲瞻仰,循源提纲。

前哲既往,后进当强。

江流不息,暾出东方。

祝我南大,与国同昌。

词义简释:

1.《易·兑卦》:丽泽兑,君子以朋友讲习。朱熹:两泽相丽,互相滋益。比喻两源相汇,古代有丽泽书院,即取此义。

2.《孟子·滕文公下》:居天下之广居,立天下之正位,行天下之大道。

3. 韦应物《郡斋雨中与诸文士燕集》:吴中盛文史,群彦今汪洋。

4.《礼记·聘义》:珪璋特达,德也。比喻人材优异,才德出众。

5.《尚书·召诰》:太保朝至于洛,卜宅。指选取建都或营宅之地。

6. 扬雄《太玄》:物登明堂,乔乔皇皇。意为光明、辉煌。

校 史 沿 革 表

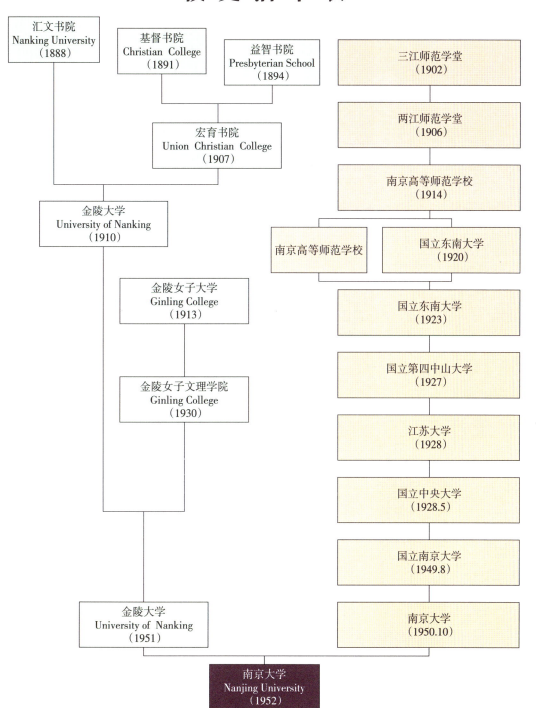

汇文书院
Nanking University
（1888）

基督书院
Christian College
（1891）

益智书院
Presbyterian School
（1894）

三江师范学堂
（1902）

宏育书院
Union Christian College
（1907）

两江师范学堂
（1906）

金陵大学
University of Nanking
（1910）

南京高等师范学校
（1914）

金陵女子大学
Ginling College
（1913）

南京高等师范学校

国立东南大学
（1920）

金陵女子文理学院
Ginling College
（1930）

国立东南大学
（1923）

国立第四中山大学
（1927）

江苏大学
（1928）

国立中央大学
（1928.5）

国立南京大学
（1949.8）

金陵大学
University of Nanking
（1951）

南京大学
（1950.10）

南京大学
Nanjing University
（1952）

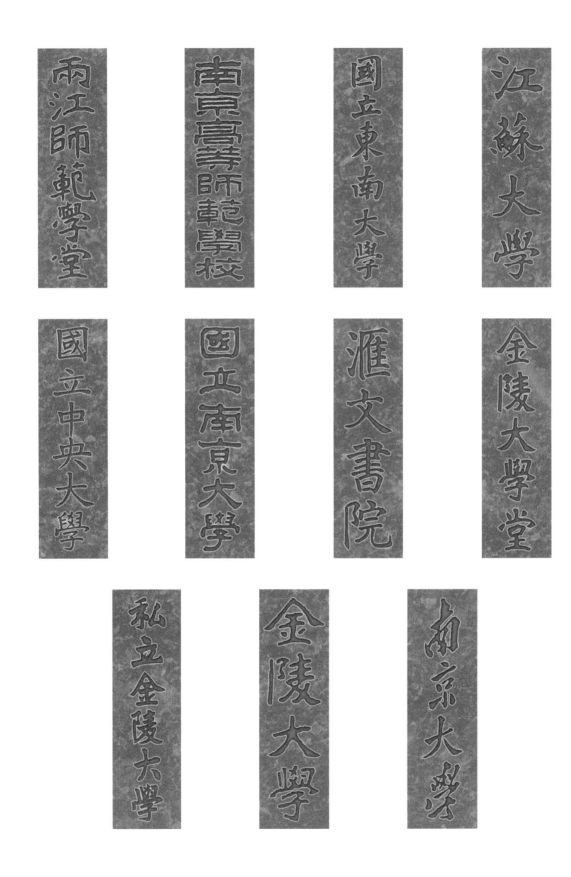

兩江師範學堂　南京高等師範學校　國立東南大學　江蘇大學

國立中央大學　國立南京大學　滙文書院　金陵大學堂

私立金陵大學　金陵大學　南京大學

两江师范学堂关防

南京高等师范学校章

国立东南大学之章

第四中山大学校之印

国立中央大学关防

国立南京大学

南京大学印

金陵大学堂印

南京私立金陵大学钤记

金陵大学印

南京大学

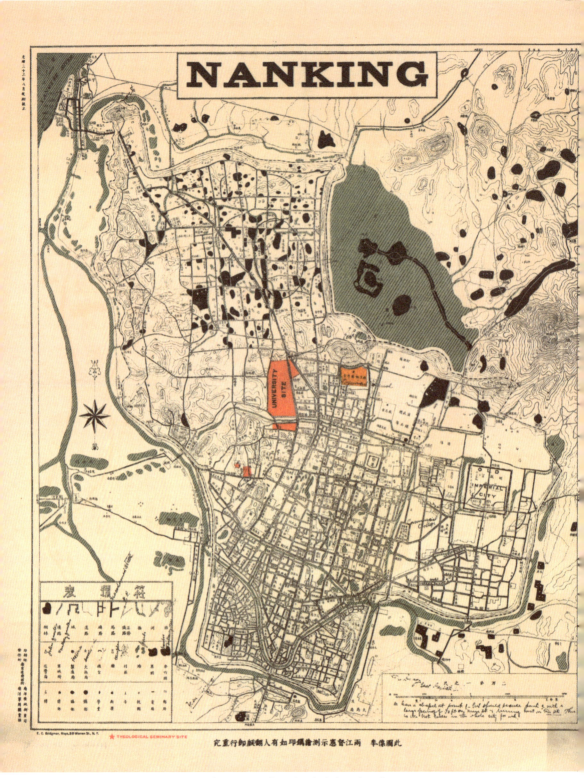

清末两江师范学堂、金陵大学堂区位图

说明：1907年测绘的南京地图，图中标出的红色地方为
1910年规划的金陵大学校址，橙色为已建立的两江师范学堂

鼓楼校区平面图

浦口校区平面图

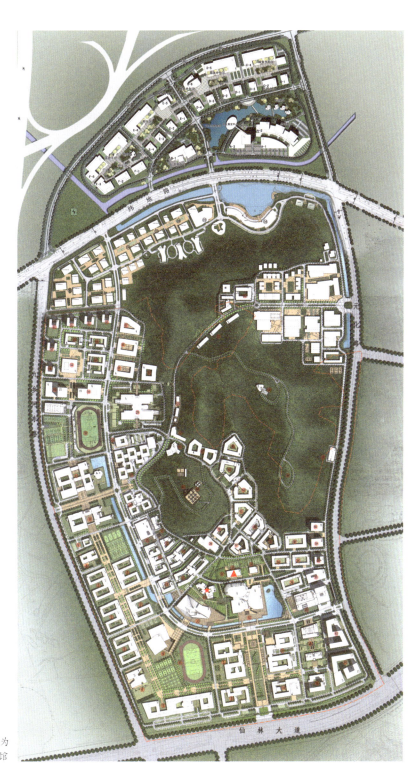

仙林校区平面图
说明:图中★标注为
展览馆,▲标注为档案馆

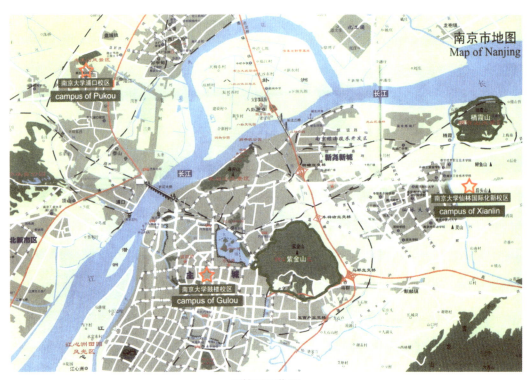

三校区区位图

序

　　钟灵毓秀,虎踞龙蟠。坐落于古都金陵的南京大学是一所历史悠久的高等学府,其前身是肇始于1902年由张之洞创办的三江师范学堂。先后经历了饱受侵略、战乱不已的晚清和民国时代,进入社会主义建设时期,在艰难中创业,在曲折中前进,在改革开放中崛起,至今已阅一百一十二个春秋。

　　百余年来,南京大学历尽沧桑,迭经变革。从堪称"中国师范学堂之嚆矢"的三江(两江)师范学堂,到声誉鹊起的南京高等师范学校和国立东南大学;从1928年国立中央大学黉宇宏开,到八年抗战中的西迁和东还;从1949年更名为国立南京大学、翌年径名南京大学,到1952年全国院系调整中与肇基于1888年的金陵大学文、理学院的汇流;从50-60年代的艰苦发展,到1978年后顺应改革开放大潮高歌猛进……百多年南大的命运,始终和国家、民族的命运紧紧系联,与时代和社会的变革息息相关,她的沿革与分合、顿挫与腾飞,也几乎是中国现代高等教育发展历史的缩影。

　　21世纪是中华民族伟大复兴的世纪。大国的崛起,为大学,特别是研究型大学的发展注入活力并提供用武之地。南大老校长匡亚明等当年的"八三五建言"为邓小平等中央领导所采纳,形成了"七五"时期建设"重中之重"的决策,继而形成了重点建设一批研究型大学并争取其中有若干所跻身世界一流大学行列的国家战略和国家意志。首批进入"211工程"和"985工程"的南京大学,毫不犹豫地抓住了百年难逢的历史机遇,义无反顾地选择了多少代南大人孜孜以求、魂牵梦萦并为之不懈奋斗的办学理想——跻身世界一流,为中国崛起和人类发展提供新思想、新理论、新知识和新技术,培养国家栋梁之才!大江竞渡,百舸争流;中原逐鹿,骐骥奋发。

　　南大人秉承"诚朴雄伟、励学敦行"的优良传统,始终保持着自强不息、艰苦奋斗、中流击水、奋勇拼搏的精神,谋国家之富强,求科学之进步,与民族共命运,在中国高等教育和科技发展史上写下了浓墨重彩的华章。

　　踏遍青山人未老,而今迈步从头越。百年高等学府的历史,将翻开新的一页,铸就新的辉煌!今天,南京大学档案馆的同志们精心撷取一组组珍贵的图片,编著《影像南大——南京大学百年图传》一书,回眸历史,着眼当代,展望未来,让光影流转中的那些人、那些事,激励南大人昂首前行、续写鸿篇。

　　是为序。

陈骏

2014年10月

目　录

第一编　肇始三江(1902—1949)

第二编　源起汇文(1888—1952)

第三编　再铸辉煌(1949—2009)

第四编 今日南大

第一编 肇始三江(1902—1949)

1901年,清政府试行"新政",颁布《人才为政事之本》的兴学诏书,谕令各省督抚学政兴办各级学堂。1902年,南京大学的前身——三江师范学堂便在这样的历史背景下应运而生。南京大学即肇始于此,至今已有一百一十多年历史,期间迭经变革,先后更名为两江师范学堂、南京高等师范学校、国立东南大学、第四中山大学、江苏大学、国立中央大学和国立南京大学,1950年定名为南京大学。

第一章　从三江到两江(1902—1912)

概　述

　　1902年,"中学为体,西学为用"的主要倡行者张之洞署理两江总督,开始创办三江师范学堂(简称"三江"),选址江宁府北极阁前明代国子监所在。1906年,三江师范学堂更名为两江师范学堂(简称"两江"),杨觐圭、徐乃昌、李瑞清先后任学堂总办(即校长)。李瑞清以"视教育若生命,学校若家庭,学生若子弟"为办学理念,着力培养"崇实务本"的学风,以"嚼得菜根、做得大事"为校训,由此薪火相传,形成南京大学优良的学风。

两江总督张之洞

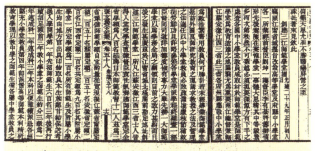

　　1903年2月5日(清光绪二十九年正月初八),张之洞正式上奏《创建三江师范学堂折》,奏报朝廷:"兹于江宁省城北极阁前,勘定地址,创建三江师范学堂一所,凡江苏、安徽、江西三省士人皆得入堂受学。"这片奏折详尽而又具体地汇报了创设三江师范学堂的理由、意义、章程学制、生员定额、师资来源及构成、办学经费及筹措渠道等。张之洞对筹建三江师范学堂已经是深思熟虑、了然于胸

1903年3月（清光绪二十九年初），张之洞（前右）与继任
两江总督魏光焘（前左）和三江师范学堂职员合影

三江师范学堂开学典礼上，张之洞（中）与学堂官员合影

受张之洞委派，缪荃孙（前排中）、
徐乃昌（前排左四）、柳诒徵（前排左
一）等于1903年赴日本考察教育，这
是行前留影

第一节　三江师范学堂的创建

缪荃孙等前往日本考察,主要是为了汲取日本师范教育成功经验而用于三江师范学堂的建设发展。考察回国后不久,缪荃孙即被委任为三江总稽查,1905年,徐乃昌任三江总办,柳诒徵担任三江历史教员。

三江师范学堂选址北极阁前明代国子监旧址,并暂借江宁府署先行开办。学堂1902年开始酝酿、筹备,1903年开办,着手聘请师资、建造学堂,自1903年6月19日中日教习"互换知识"一年,至1904年11月正式招生入学,在两年多的时间内,完成了创建工作。三江师范学堂是当时江苏的最高学府,"堪与京师大学堂比美",也是"中国师范学堂之嚆矢"。

三江师范学堂校址(明代国子监旧址)

张之洞(1837—1909) 字孝达,号香涛,河北南皮人。早年读经史,同治二年(1863)荣登"探花",任翰林院编修。曾连续十年出任浙江、湖北、四川等省的考官或学政。在出任山西巡抚和署理两广总督时,就力主兴学育才。1902年,署理两江总督后创办了三江师范学堂。

张之洞在举办洋务、接触新学的过程中,对在中国延续了一千余年并日趋僵化、腐朽的科举制度深恶痛绝,洞察其弊,逐渐形成了变革甚至废止科举、广兴新式学堂的认识。他在《劝学篇》中提出并阐述了"中学为体,西学为用"的思想。在这一新旧杂糅、中西参酌的思想指导下,张之洞对中国传统教育制度的变革,进行了多方面的实践和探索,对于建立一种完备而系统的新式教育体系,进行了持之以恒的思考和总体性的筹划,并最终形成章程法规。他参与制定了《学务纲要》和近代中国第一个经正式颁布并在全国实施的教育体制——《奏定学堂章程》,即"癸卯学制"。

在署理两江的百余天内,张之洞对于三江师范学堂的创建全力以赴,运筹帷幄,规划设计,倾注了满腔热情,确定了几乎所有方针大计和具体细则。因此,在他离任之后,三江的建造工程和办学进程依然能够按部就班地进行。也正因为此,后人均以张之洞为三江师范学堂的主要创始人。1906—1909年出任两江总督的端方,他关于两江师范学堂的所有奏折,均冠以"两江师范学堂经前督臣张之洞创办"之语。李瑞清也在《两江师范同学录叙》中说:"南皮张相国于江南建两江师范学校。中国师范学校之立,以两江为最早。"

第二节　更名两江师范学堂

1906年,两江总督周馥将校名更为两江师范学堂,李瑞清任学堂监督。李瑞清以"视教育若生命,学校若家庭,学生若子弟"为办学理念,着力培养"崇实务本"的学风,首创图画手工科,开中国高等美术教育之先河。他提出了学校最早的校训"嚼得菜根、做得大事"。

学堂监督李瑞清

两江师范学堂关防

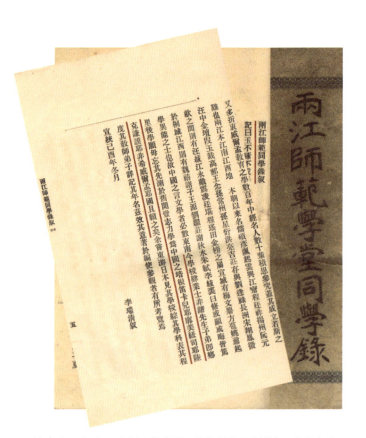

清宣统元年十一月刻印的《两江师范学堂同学录》。在其叙中,李瑞清明确提出了要培养"中国之培根、笛卡尔"的办学目标

第一章　从三江到两江(1902—1912)

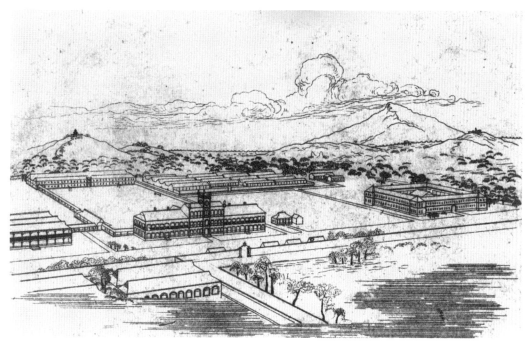

两江师范学堂全图

一字房(教学楼)

口字房(办公室、图书室、实验室楼房)

教职员宿舍

　　李瑞清(1867—1920) 字仲麟,号梅庵,入民国署清道人,江西抚州人。1895年进士,授翰林院庶吉士,三署江宁提学使。1905—1911年先后任三江师范学堂总办、两江师范学堂监督。中国近现代著名教育家、美术家、书法家,近代高等美术教育的奠基人和改革者。

　　在南京大学鼓楼校区北园两江路畔,有校牌"两江师范学堂"六个字,这就是李瑞清任两江师范学堂监督时所写,字体遒劲有力,笔画沉着厚重,至今已经历了百年风雨。1906年,李瑞清担任两江师范学堂监督,针对东南地区急需任课师资的实际,在学堂增设选科、补习科,附设中小学校。李瑞清曾亲赴东瀛,聘请日本教习传授西方科学和近代工艺,在两江师范学堂首创图画手工科,设立画室及有关工场,并亲自讲授国画课,增设音乐课程,培养了中国最早的近代美术师资和艺术人才。国画大师张大千、著名书法家胡小石、艺术教育家吕凤子皆出自他的门下。在他的悉心主持下,两江师范学堂成为名副其实的江南第一学府。

第三节　三江、两江的行政组织体系

学堂设置监督(即校长),并在监督下分设教务长、庶务长、斋务长三职。教务长分管中日教习,负责教学,管理教材;庶务长管理学堂总务,下辖会计官、文案官、杂物官及相关职员;斋务长统领监学官、检察官,负责对学生操行和生活的管理。这种组织结构,后来演变成为校长以下设教务长、训导长、总务长的"三长制"。

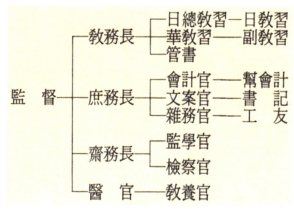

三江、两江的行政组织体系

第四节　三江、两江时期的学科设置、学制及办学规模

学堂设置了下列学科:数理化科、农学博物科、历史舆地科、图画手工科。学制分为:一年初级师范最速成科、二年速成科、三年本科,以及四年制优级师范本科。

学堂的招生主要集中在三个阶段,其一为1904年秋冬,此时的招生对象为"举贡廪增生员",即有传统功名者;其二为1906年到1908年春,三江更名两江后,专办优级本科,改以中学堂和初级师范毕业生为招生对象,但合格生源不足,只好放宽条件,频频招生,其中包括"预科"和"补习科";其三是1910年春到1911年春,此时已有较多的合格考生,两江的发展也已步入正轨,招生规模扩大。

三江、两江前后开办八年,到1910年时共有毕业生900余名,其中初级师范毕业117人,大都到小学堂任教;两江时期毕业802人,包括程度较高的"分类科"和"选科"的毕业生248人,他们一般取得中学堂和初级师范教员的资格,他们的视野、抱负、学养和能力,在学界和社会得到好评。

学科分类

学科（班级）	入校时间	毕业时间	学生数
最速成科	光绪三十年十月	光绪三十一年十二月	58
速成科	光绪三十年十月	光绪三十一年十二月	26
本科	光绪三十年十月	光绪三十三年十二月	32
第三分类科甲班	光绪三十年十月	宣统元年十二月	35
第四分类科	光绪三十年十月	宣统元年十二月	46
数学理化选科	光绪三十二年六月	宣统元年十二月	31
农学博物选科	光绪三十二年六月	宣统元年十二月	37
图画手工选科甲班	光绪三十二年六月	宣统元年十二月	33
第三分类科乙班	光绪三十二年六月	（资料编印时尚未毕业）	50
历史舆地选科	光绪三十三年九月	（资料编印时尚未毕业）	38
图画手工选科乙班	光绪三十三年九月	（资料编印时尚未毕业）	36
数学理化预科	光绪三十三年九月	（资料编印时尚未毕业）	38
补习科乙班	光绪三十三年九月	（资料编印时尚未毕业）	44
补习科丙班	光绪三十三年九月	（资料编印时尚未毕业）	38
补习科丁班	光绪三十三年九月	（资料编印时尚未毕业）	39
补习科戊班	光绪三十三年九月	（资料编印时尚未毕业）	45
补习科己班	光绪三十三年九月	（资料编印时尚未毕业）	43
公共预科毕业出校者	（未注明）	（未注明）	43
未毕业出校者	（未注明）		25

注：（1）本表依据1909年底（清宣统元年十一月）刻印的《两江师范学堂同学录》汇总编制，故资料数据截止时间为1909年底。

（2）表中"第三分类科"为数学物理化学分类科，"第四分类科"为农学博物分类科。

三江、两江校名的由来

三江师范学堂的名称由学堂创建人张之洞亲定。在上奏朝廷的《创建三江师范学堂折》中，张之洞有如下表述："两江总督兼辖江苏、安徽、江西三省……兹于江宁省城北极阁前勘定地址，创建三江师范一所，凡江苏、安徽、江西三省士人，皆得入堂受学。"

至于"三江师范学堂"之"三江"的含义，迄今尚无公认的权威解释。以下所列举的两种解说，均为后人的猜想。其中一种说法出自中央大学首任校长张乃燕，他在《国立中央大学沿革史》中有个非常简略的解释："盖取《尚书》扬州三江之义"。《三江师范学堂章程》则载明:"本学堂名三江师范,为江苏、安徽、江西三省之公学。"或许这也是"三江"之名的由来。

1905年底,江苏士绅张謇等先后上书清廷学部和两江总督,提议:"三江师范学堂应请厘正名称为两江师范学堂",并为时任两江总督周馥采纳。周馥批曰:"三江即是两江。两江总督兼辖江南、江西(江南兼辖苏、皖),故此项学堂应定名为两江师范,庶几名实相符,仍照前议厘正名称为是。"

中日教习

两江师范学堂非常注重教学,学生成绩被公认为江南各高等学堂之冠。教员一部分聘请中国学者,主要担任经学、文学、伦理、修身、历史、舆地、算学、英文、体操等课程的授课。其来源分两种:一是直接向社会选聘德学兼备的学者;二是各省推荐的人员经考试合格后加以培训。

两江师范学堂全体教职员合影

另一部分是日本教习,主要讲授物理、化学、博物、生理、农学、图画、手工、日语等课程。首批延聘日本高等师范教习11人,先后共延聘日本教习约30余人。这充分体现了张之洞"中学为体、西学为用"的思想,也开启了南京现代高等学府之先河。

两江师范学堂金工实习(站在黑板前者为日本教习,其右为日语翻译)

学子精英

胡小石（1888—1962） 名光炜，字小石，号倩伊、夏庐，江苏南京人，国学大师。1906年9月考取两江优级师范学堂预科，翌年插班入农学博物分类科，1909年毕业。国学、诗文、书法均得到李瑞清的指点，对古文字声韵训诂、佛典道藏、金石书画的研究造诣颇深。历任北京女子高等师范学校、金陵大学、东南大学、中央大学教授、系主任、文学院院长，1949年后任南京大学文学院院长、图书馆馆长等职。

陈中凡（1888—1982） 原名钟凡、宗藩，字觉云，江苏建湖人，中国古典文学家。其叔父陈玉树是三江师范学堂提调。1910年2月考入两江师范学堂公共科，毕业后考取北京大学哲学系。1918年后，历任北京女子高等师范学校国文部主任、东南大学国文系主任，广东大学、暨南大学中文系教授兼文学院院长，金陵大学国文系教授。1949年后任南京大学中文系教授。在诸子群经、书目学、先秦两汉文学史等领域造诣颇深。

吕凤子（1888—1959） 又名吕濬，字凤痴，江苏丹阳人。1910年1月毕业于两江师范学堂图画手工选科，擅图画、金石、雕刻、书法及诗词，是我国近代艺术教育的开创者。民国初年创办丹阳正则女子初等学校，后发展成正则艺专。历任北京女子高等师范学校、南京高等师范学校、东南大学、中央大学教授。

刘永翔 两江师范学堂毕业文凭

此毕业文凭颁于宣统二年(1910)，内容详尽，主要包括所学学科、各科考试成绩及任课教师等信息，从中可见刘永翔毕业于师范学堂第四分类科，毕业分数精准到八十四分四厘四毫，并且当时的日本教员众多，几与中国教员数量相当。上钤有满、汉两种文字的学堂印章，文曰"两江师范学堂关防"。该文凭由刘永翔后人捐赠，现藏于南京大学档案馆。

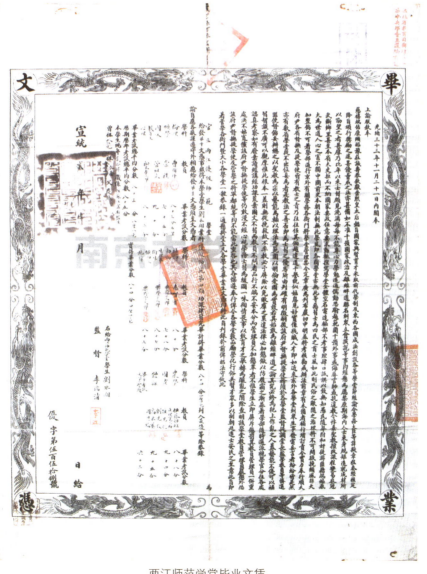

两江师范学堂毕业文凭

刘永翔 两江师范学堂卒业证

　　此证书颁于光绪三十三年(1906),是两江师范学堂的高等专修预科卒业证明,从中可见当时学堂设有日本总教授一职,可窥其模仿当时日本教育体制之一端。上钤有满、汉两种文字的学堂印章,文曰"两江师范学堂关防"。该证书由刘永翔后人捐赠,现藏于南京大学档案馆。

两江师范学堂卒业证

两江师范学堂校名牌

　　此名牌系一整块石材制成,校名由学堂监督李瑞清题写,书写字体为魏碑体,内填绛红色漆。现保存于南京大学鼓楼校区校史博物馆前。

两江师范学堂校名牌

第二章　东南黉宇（1914—1927）

概　述

　　辛亥革命以后，两江师范学堂因战事一度停办。1914年8月，江苏巡按使韩国钧委任江谦为校长，就两江师范校舍筹建南京高等师范学校（简称"南高师"）。1920年，在南高师基础上成立国立东南大学（简称"东大"）。东大成立后，南高师不再招收新生，并于1923年并入国立东南大学。

　　1914—1925年十余年间，江谦、郭秉文先后执掌校政，在学科、教学和治校体制上实行改革，以诚为训，确立"三育"（训[德]、智、体）并举和"四个平衡"的办学理念，要求学生要有"国士的风度和气节"，有"钟山之崇高、玄武之恬静、大江之雄毅"，在教育界和学界都产生了重要而深远的影响。南高师和东大坚持以学术为重，明确提出了发扬民族精神、民主精神和科学精神的办学思想，主张学者治校，广延硕彦俊秀以为师资，刘伯明、吴宓、陶行知、李叔同、竺可桢、茅以升、吴梅、黄侃、秉志、胡刚复、汤用彤、胡焕庸、熊庆来等许多名师在南高师和东大执教，时人誉为"以科学名世"，称其为"中国科学社的大本营"。

首任校长江谦

南京高等师范学校校印

南京高等师范学校校训

15

第一节　南京高等师范学校的开办

南京高等师范学校首任校长江谦,致力于改革,使一所"中体西用"的师范学堂呈现出多学科综合大学的雏形。

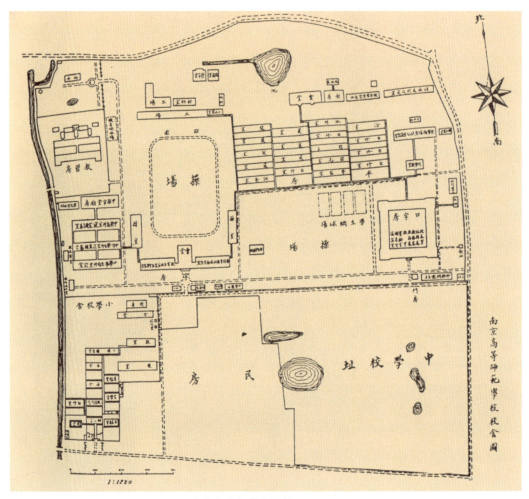

南京高等师范学校校园平面图

江谦作词、李叔同谱曲的南京高等师范学校校歌

歌词：

大哉一诚天下动，

如鼎三足兮，曰知、曰仁、曰勇。

千圣会归兮，集成于孔。

下开万代旁万方兮，一趋兮同。

踬海西上兮，江东；

巍峨北极兮，金城之中。

天开教泽兮，吾道无穷；

吾愿无穷兮，如日方暾。

歌词译文：

诚实之德多么伟大，整个世界都为之鼓动，

像鼎之三足支撑着它的，是智慧、仁爱和奋勇。

集大成的圣人是孔子，是众圣汇聚归依的正宗，

直到千秋万代，旁及四面八方，我们的目标都相同。

随着海潮沿江西上，就是富饶的江东；

巍峨的北极阁啊，耸立在雄伟的南京城中。

上天开启了教育的恩泽，我们的事业永无穷；

衷心祝愿事业无穷，像初升的太阳照耀长空。

南京高等师范学校教职员宿舍之一

南京高等师范学校工艺(工科)实习场

南京高等师范学校国文专修科毕业生合影

南京高等师范学校教育科学生送别合影

刘伯明(左七)、陶行知(左六)、陈鹤琴与南高师教育科第一届毕业生合影

江谦(1876—1942) 字易园,号阳复,安徽婺源(今属江西)人,著名教育家。早年受业于南京文正书院,为山长张謇所赏识。1902年,张謇在南通创办我国第一所民办通州师范学堂,江谦初任堂长、后任校长。1914年8月,江苏巡按使韩国钧委任江谦为南京高等师范学校校长,就两江师范学堂勘察校舍筹备开学。

在两江师范的校址开办南京高等师范学校,实则是延续三(两)江师范学堂的办学传统,并加以发扬光大。江谦虽然心中有着非常宏伟的目标,但行事却非常谨慎,第一年招生时严格奉行"宁缺毋滥"的原则,所以规模宏大的南高师这一年仅设国文、理化二部和国文专修科,招生人数仅126人。江谦学问根基深厚,不仅掌握着学校的发展方向,而且身体力行,亲自为学生讲授"四书"和《说文解字》等课程,并要求学生精研曾国藩《家书》,结合实际撰写读书笔记。江谦的领导,加上他的后任郭秉文等人的努力,南高师发展很快,至1919年,全校共设有国文史地部、数学理化部、教育专修科、英文专修科、农业专修科、工艺专修科、商业专修科、体育专修科等,校舍面积370亩,教职员94人,学生共416人,成为东南最高学府,足以和北方的北京大学相媲美。

由于操劳过度,江谦仅仅当了三年校长,就不得不离任休养。但他对南高师所做的贡献,仍然受到了充分肯定。为了表彰他的办学之功,江苏省政府特别颁发给他三等嘉禾奖章一枚。

第二节　南高师的行政组织体系与学科设置

　　学校设置校务会议，负责规定办法、任调职员、进退学生和审核经费。在总务处下设置教务会议、庶务会议和斋务会议。教务处负责教授和实习事务；庶务处负责书记和会计事务；斋务处负责训练和管理事务。

学科设置：

　　南高师开办伊始，人数甚少，1915年第一次招生时，仅招国文、理化两部预科和国文专修科，其中国文专修科只招收了一届，于1917年毕业。1916年春开办体育专修科，同年秋增设工艺专修科，1917年秋增设农业专修科、商业专修科和英文专修科，1918年秋增设教育专修科。1919年春改国文部为国文史地部、理化部为数学理化部。至1919年，南高师设有2部6科，即国文史地部、数学理化部和教育专修科、英文专修科、农业专修科、工艺专修科、商业专修科、体育专修科。

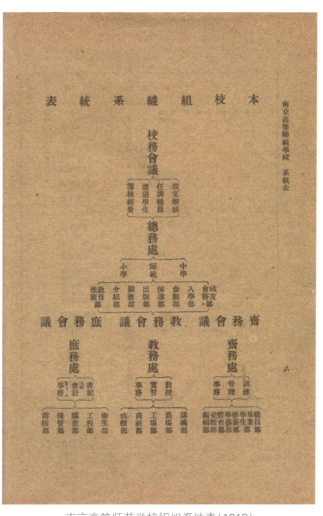

南京高等师范学校组织系统表（1918）

第三节　东大的组建与南高师的归并

　　1920年9月，郭秉文联合张謇、蔡元培、王正廷、沈恩孚、蒋梦麟、穆湘玥、黄炎培、袁希涛、江谦共十人，联名向教育部提出"拟就南京高等师范学校校址，及南阳劝业会旧址，建设南京大学，以宏造就"。12月7日国务会议全体通过，同意以南京高等师范学校为基础筹建大学，定名国立东南大学。1923年南高师学生全体毕业后，南高师名称即取消。郭秉文就任国立东南大学校长后强调："不发扬民族精神，无以救亡图存；非振兴科学，不足以安邦立国。"

郭秉文　南高师第二任校长、东大首任校长

刘伯明　南高师国文史地部主任，东大文理科主任、校长办公处副主任（副校长）

陶行知　南高师教务主任、东大教育科主任

国立东南大学校印

国立东南大学校徽

南京高等师范学校、国立东南大学并存时的校门

郭秉文(1879—1969) 字鸿声,江苏江浦人。早年就读于上海清心书院,后赴美留学,1914年获哥伦比亚大学博士学位。1915年回国后,先后担任南京高等师范学校教务主任、校长及国立东南大学首任校长,被誉为"东南大学之父"。20年代曾连续3届当选世界教育会副会长兼亚洲分会会长。抗战胜利后出任联合国远东救济总署副署长兼秘书长。

郭秉文深谙办学之道首在广延名师。他留美六载,毕业于有"世界新教育中心"之称的哥伦比亚大学师范学院,曾任中国留美学生联合会主席,后来又几度出国考察高等教育,对欧美留学生的情况了解甚清。他往往是先拟出优秀中国留学生的名单,请欧美著名大学校方代为介绍,然后再与学生进行交谈,甚至前往观察实验或旁听教学。对于具有真才实学者,他都千方百计"拉"过来,常常预付薪金,以作为留学生回国的"旅费"。

当时在美国成立的中国科学社聚集了一批中国留学生的精英,郭秉文认准这是一个"富矿",遂诚邀其创始社员加盟南高师,共谋发展。他先将社长任鸿隽和主要发起人秉志、杨杏佛等请来学校,或委以重任,或待若上宾,同时又鼎力支持他们将"中国科学社"的大本营迁回国内,安扎在南京,于是其他留学生便源源而来。一时间,国立东南大学名师荟萃,俊彦云集,学人皆以受聘南高师、东大为荣,"孔雀东南飞"也成为教育界人士的热门话题。燕京大学校长司徒雷登在其所著《在华五十年》一书中写道:"郭秉文延揽了五十位留学生,每一位都精通他自己所教的学科。"北京大学教授梁和钧在其《记北大(东大附)》一文中更有点睛之笔:"北大以文史哲著称,东大以科学名世。然东大的文史哲教授,实不亚于北大。"因为"东大所延教授,皆一时之选"。

刘伯明(1887—1923) 名经庶,祖籍山东章丘,生于南京,哲学家,教育家。专于道家老子哲学、西洋哲学,精通英文,并通法文和德文,兼及希腊文与梵文。

刘伯明早年就学于金陵大学的前身汇文书院,后留学日本,曾任日本留学生青年会干事,并加入同盟会。辛亥革命后赴美留学,入美国西北大学研究院攻读哲学和教育学,获博士学位。1915年回国后,刘伯明倾心于教育事业,先受聘为金陵大学教授,同时任教于南京高等师范学校。1919年后,历任南京高等师范学校国文史地部主任、校长办公处副主任,国立东南大学文理科主任、哲学系主任、行政委员会副主任。

刘伯明悉心致力于校风建设,在其论著《论学风》和《共和国民之精神》等文中提到,"学校中有两个最难调和之精神,一曰自由,一曰训练",作为一个学者必须既要有一种自由的精神,又要有一种负责任的态度。自由精神和负责任态度的结合,使南高师、东大形成了勤奋、朴实的学风。

刘伯明曾说:"吾校同学率皆勤朴,无浮华轻薄气习,而其最显著之优点,在专心致力于学。其艰苦卓绝,日进不已,至可钦佩,实纨绔子之学生所不能及者也。"

陶行知(1891—1946) 原名文濬,后改知行,又改行知,安徽歙县人。提出"生活即教育"、"社会即学校"、"教学做合一"等著名主张,形成了"生活教育"的思想体系。毛泽东、宋庆龄分别称他是"伟大的人民教育家"和"万世师表"。

1909年,陶行知考入南京汇文书院,后就读于金陵大学文科。1914年,他以全校文科第一名的成绩毕业。后留学美国,回国后任南高师、东大教授、教务主任等职,开始其教育生涯。在此期间,他将"教授法"改为"教学法",他认为:"一、先生的责任在教学生学;二、先生教的法子必须根据学的法子;三、先生须一面教一面学。"这一理念不久为全国各高校所采用。1927年,他创办了"晓庄试验乡村师范",培养乡村教师。曾与蔡元培等发起成立中华教育改进社,发起成立中华平民教育促进会总会。

第四节　南高师、东大的办学方针

郭秉文、刘伯明、陶行知等,在主持南高师校务期间,呕心沥血、革故鼎新,大力提倡"训育、智育、体育"三育并举,明确提出了训(德)、智、体三育的标准、方法、程序及实施办法等,对于我国近代高等教育的发展具有创见和重要意义。郭秉文作为20世纪上半叶中国最著名的教育家之一,他把办学方针归纳为一个"平"字:"平,是治学治事的最好座右铭。"就大学教育而言,他认为应力求达到"四个平衡"。

国内与国际的平衡:博取众家之长,广求知识于世。

通才与专才的平衡:一所综合大学,应注重通才与专才教育的相辅相成、相互调剂,使通才不致流于空疏,专才不致流于狭隘。

人文与科学的平衡:人文科学和自然科学的均衡发展,平等对待各种学术思想,提倡学术自由。

师资与设备的平衡:既注重延聘国内外著名学者,又注重学校的基本建设。

延聘名师

王瀣(1871—1944) 字伯沆,祖籍江苏溧水。1915年起在南京高等师范学校、国立东南大学、国立中央大学执教数十年,抗战胜利前夕病逝南京。

吴宓(1894—1978) 字雨僧,陕西泾阳人。1921年至1924年,任南京高等师范学校、国立东南大学英语兼英国文学教授,并与刘伯明、梅光迪、柳诒徵等创办《学衡》杂志。

吴梅(1884—1939) 字瞿安,号霜厓,江苏苏州人。1922年至1937年,执教于南高师、国立东南大学、国立中央大学,培养了大量学有所成的戏曲研究家和教育家。他是第一个在高等学府传授戏曲课的教师,开创了研究曲学之风气。

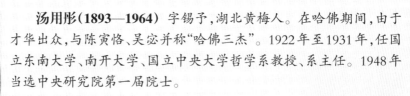

汤用彤（1893—1964） 字锡予,湖北黄梅人。在哈佛期间,由于才华出众,与陈寅恪、吴宓并称"哈佛三杰"。1922年至1931年,任国立东南大学、南开大学、国立中央大学哲学系教授、系主任。1948年当选中央研究院第一届院士。

李叔同（1881—1943） 号息霜,浙江平湖人。他是向中国传播西方音乐的先驱,所创作的《送别歌》,历经几十年传唱经久不衰。1915年起执教于南京高等师范学校,教授图画、音乐,并为学校校歌谱曲。1918年,在杭州虎跑寺出家,号"弘一法师"。

陈鹤琴（1892—1982） 浙江上虞人。1919年起,先后担任南京高等师范学校、国立东南大学、国立中央大学、国立南京大学教授。在此期间,他致力于研究儿童心理学、家庭教育学和幼儿教育学。1923年他创办了鼓楼幼稚园,并将其作为理论研究的实验基地。

楼光来（1895—1960） 字昌泰,浙江嵊州人。1923年起,先后担任国立东南大学外文系教授,国立中央大学中文系系主任、文学院院长。长期从事翻译工作和莎士比亚作品研究,是国民政府教育部部聘教授。

邹秉文（1893—1985） 江苏泰兴人。1916年至1927年,先后担任金陵大学农林科教授、南高师和东大农科主任。1930年至1931年又一度任国立中央大学农学院院长,是中国植物病理学教育的先驱。

陈焕镛（1890—1971） 字文农,祖籍广东新会。1921年至1927年,任国立东南大学教授,著名植物学家,我国近代植物分类学的开拓者和奠基者之一。1955年选聘为中国科学院学部委员。

第五节　国立东南大学的系科设置

　　东大学科十分齐全,分为教育科、文理科、农科、商科和工科5个科,达到了5科30系的规模。其中,文理科是全校规模最大、师资最强、培养人才最多的科。1926年之后,东大实行了文理分科。

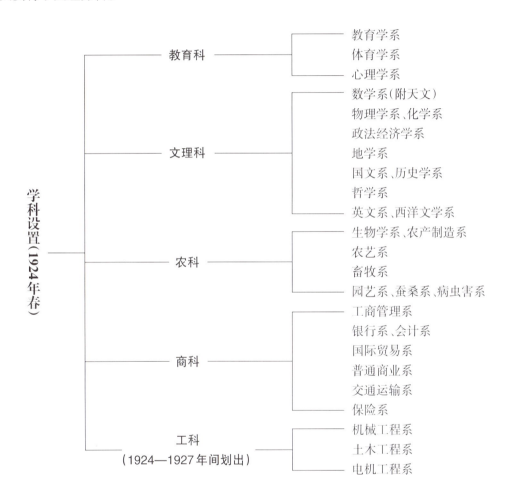

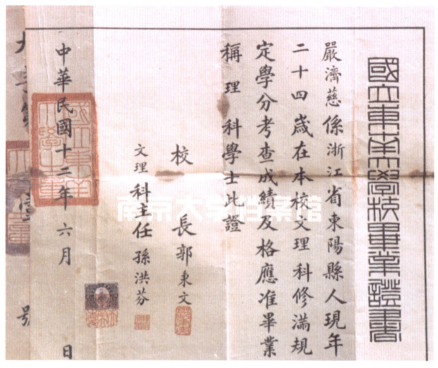

国立东南大学编号为第一号的毕业文凭,获得者为严济慈

国立东南大学学生合影(1922年4月)

第六节　南高师、东大的"全国第一"

1915年，创办第一个体育专修科。

1919年，率先改"教授法"为"教学法"。

1920年，成立第一个新型地学系。

1920年，首创大学男女同校。

1920年，开始面向社会开办暑期学校。

1920年，创建中国第一个现代物理学实验室。

1920年，成立物理系。

1921年，创建国内大学第一个生物系。

1921年，创建国内大学第一个算学系。

1921年，创建国内第一所设在综合大学的商科大学。

首创体育专修科

　　1915年12月，南高师拟定增设体育专修科计划书，报教育部备案，是国内高校最早

国内高校第一个体育专修科

设立的体育专修科。1916年3月22日举行招生考试,首次招生41人,4月14日正式开学,学制为两年,为我国培养了第一批体育师资和体育管理人才。1918年和1919年分别改学制为三年、四年。为了提高体育教育质量,加快体育系科的建设,南高师先后重金聘请美国人麦克乐(1916)、祁屋克(1917)、饶冰士(1918)为体育主任。鉴于南高师在体育教育上的先进性和已取得的成绩,教育部在南高师开展体育教育实验,普及体育专业教育,并在全国推广经验。1921年,国立东南大学成立,正式设立体育系,麦克乐任系主任。

南高师体育专修科的出现,在我国近代体育专业教育发展史上具有里程碑式的意义,它填补了我国高等体育专业教育的空白,成为了全国第一所培养体育专业教育人才的高等学校,满足了当时社会对体育人才的迫切需要。

首开"女禁"

五四运动前后,中国除个别私立大学之外,还没有同时招收男生和女生、实行男女同学的高等学府,教育史上习惯地称之为"女禁"。

1919年12月17日,南高师教务主任陶行知书面提出《规定女子旁听办法案》,痛陈

南高师首届招收的8位女生的合影

"中国女子高等教育最不发达,中等学校毕业以后,女子几无上进之路",建议本校"通融办理,容其旁听,遂其向学之志愿"。1920年1月14日,南京临时校务会议议决:"组织委员会讨论"。1920年4月7日,南高师第十次校务会议以多数赞成票表决通过"招收女生委员会"议决案,并决定自1920年暑假正式招收女生。

暑期招生之际,闻讯前来报名的受过中等教育的女子达一百余人。如张佩英便是在陈独秀、张国焘、茅盾等人的鼓励下,专程从上海赶到南京投考。学校不偏袒女生,不降低录取标准,经过严格考试,最后正式录取了8名女生,同时还招收了50多位旁听女生。

国内第一所设在综合大学的商科大学

1917年,南高师增设商业专修科。1920年,筹组国立东南大学,决定将南高师商科扩充为商科大学。为了适应商学人才培养需要,将地址定在上海。适值暨南学校(今暨南大学)亦有在上海设立商业专科计划,遂议定由两校合办,定名为东南大学暨南学校合立上海商科大学,于1921年9月28日正式开校,是国内第一所设在综合大学的商科大学。

商科大学原址

当时马寅初为教务主任,郭秉文兼任校长。1922年3月,暨南学校退出,商科大学改由东大独力专办,改定校名国立东南大学分设上海商科大学。

设立初期,上海商科大学的学系、课程设置已十分规范。全校设有普通商业、会计、工商管理、银行理财、国际贸易五系,实行学分制,每学年开设的课程有四五十门。除国文、数学、英文等共同必修课外,各系均有必修课和选修课。1924年,校长郭秉文撰写《中国的商科教育》一文,对学校的发展寄予极大的期望。1927年,上海商科大学改组为第四中山大学商学院,其后相继改称江苏大学商学院、国立中央大学商学院。1932年9月,学院从国立中央大学划出独立,定名为国立上海商学院(今上海财经大学)。

国内大学第一个算学系

1921年,熊庆来在国立东南大学创办了国内大学第一个算学系

国内大学第一个生物系

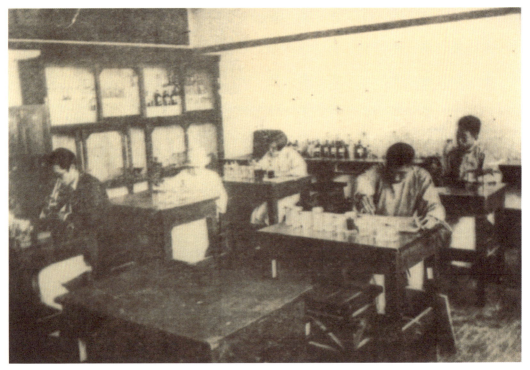

1921年,秉志在国立东南大学创办了国内大学中第一个生物系。图为生物实验室

科学大师

胡刚复（1892—1966） 原名文生，又名光复，江苏无锡人，物理学家、教育家、中国近代物理学事业奠基人之一。在南京高等师范学校建立了中国第一个现代物理实验室，并担任国立东南大学物理系的首任系主任，培养了吴有训、严济慈、赵忠尧等著名物理学家。

竺可桢（1890—1974） 字藕舫，浙江绍兴人。早年留美，获哈佛大学博士学位。1920年，创建国立东南大学地学系，并任系主任。1948年，当选中央研究院院士。1955年，当选中国科学院学部委员。曾任浙江大学校长、中国科学院副院长、中国科协副主席、中国气象学会名誉理事长、中国地理学会理事长。被公认为我国气象、地理学界的"一代宗师"。

熊庆来（1893—1969） 字迪之，云南弥勒人。早年留学比利时、法国。1921—1926年担任国立东南大学教授，创办数学系并任系主任，被公认为"中国近代数学的先驱"。30年代初在法国研究函数论，获巴黎大学理学博士学位。他所定义的"无穷级函数"，国际上称为"熊式无穷数"。

秉志（1886—1965） 字农山，河南开封人。清末中举，以京师大学堂的学生资历被派遣赴美留学，1918年以昆虫解剖学论文获康乃尔大学博士学位。1920年回国，任教于南京高等师范学校农业专修科和国立东南大学生物系，后又继续在国立中央大学生物系任教。1955年，当选中国科学院学部委员。

茅以升（1896—1989） 字唐臣，江苏镇江人。中国近代桥梁事业、铁道科技事业的先驱。1922年任国立东南大学工科教授兼主任，奠定了学校机械、土木、电机三系的格局，始创启发式教育方法，致力于教育改革，培养了一批杰出的桥梁工程专门人才。1955年，当选中国科学院学部委员。

首开"女禁"录取的8位女生

　　我国首届男女同学的这8位女生是：①李今英，毕业于东大西洋文学系，后与系主任梅光迪结婚。她是中国女性教育家、社会活动家，在哈佛大学取得了硕士学位。建国后赴美，在密西根任教，曾撰写《南高开女禁》一文。②陈美宝，毕业于东大外文系，后回香港任教。③张佩英，毕业于东大外文系，后更名为张蓓薇，毕业后长期在上海最早的西式学堂之一——上海清心女子中学、南洋模范中学任教，曾撰写《我成为中国首届男女同校女生之追忆》。④黄叔班，毕业于东大西洋文学系，后与东大同学王克仁（贵阳师院院长）结婚。⑤曹美恩，毕业于东大英语系，后留美。⑥吴淑贞，毕业于东大外文系，后与同班同学胡照祖（胡适之侄）结婚，建国前赴台湾。⑦韩明夷，录取在教育科，曾任苏州女师副校长。⑧倪亮，录取在教育科，后与同学吴俊升结婚，居住在香港。她们与男生同堂听课，一起活动，使校园里平添了许多生气和乐趣。南高师也因而成为我国第一所实行男女同学的高等学府，翻开了中国教育史上崭新的一页。

　　开放女禁影响甚大，曾担任过"国务总理"的熊希龄来校考察后深表赞赏。一些欧美人士对此事也都极为支持。曾于1919年8月参观过南高师的美国克兰公使夫人，在听到南高师招收女生的消息后，特捐银4千元以资助女子高等教育。时隔四十余年，1962年南大60周年校庆时，时任中科院副院长的竺可桢回忆起当年的情景，还深深地以此为荣："东南学府，为国之光。男女同校，唯此首创。外御强敌，内抑豺狼。天下有道，黉舍乃昌。"

第七节　活跃的学术研究

一、中国科学社的大本营

　　20世纪初，中国科学社社址一度设于南高师校内，科学社发起人任鸿隽、秉志、胡明复、杨杏佛、周仁等人均受聘于南高师、东大。中国科学社是当时国内最大的科学团体，南高师和东大被誉为"中国科学社大本营"和"中国自然科学的发祥地"，后国立东南大学更以科学名世。

　　中国科学社在国内科学界长期独占鳌头，在近代中国各科学团体的孕育、成长过程中一直都充当着"母体"的作用。此后陆续成立的各种专门学会，如中国动物学会、中国植物学会等，无论在思潮流向、组织形态，还是在学会成员的交叉组成方面，都与中国科学社有着密不可分的"亲缘"关系。

二、《学衡》杂志

1922年,南高师和东大教授吴宓、梅光迪、胡先骕、柳诒徵、刘伯明、汤用彤等人创办了《学衡》杂志,使之成为对20年代思想界有重要影响的刊物。其宗旨是:"论究学术,阐求真理,昌明国粹、融化新知,以中正之眼光,行批评之职事,无偏无党,不激不随。"也就是说对于中国传统文化和外来文化都要取其精华、去其糟粕,这在当时产生了广泛的影响。

三、大师讲学

郭秉文校长认为:东大不仅要成为教学、科研的中心,还应成为国内外的学术交流中心。因为只有博取百家之长,广求世界知识,才能使学生放宽眼界,开拓心胸,广纳人类文明和智慧。所以东大每年必请多位

部分学术期刊

国内外著名人士来校讲学或演讲。1920年4月美国教育界泰斗杜威,来校演讲《教育哲学》等,并与教育科师生进行多次座谈;同年10月,英国大哲学家罗素来校做了《关于哲学》的演讲;1924年,印度大文豪、诺贝尔文学奖获得者泰戈尔来校做了《中印文明》的演讲;同期,美国著名教育家孟禄、德国新活力论创立者杜里舒等人,也曾来校考察和演讲。可以说,20年代的南高师、东大已然成为我国进行国际学术交流的一个重要窗口,是中西文化交流的热点所在。

美国著名教育家杜威来校讲学(1920)

英国著名哲学家罗素来校讲学(1920)

印度大文豪泰戈尔来校讲学(1924)

著名学者梁启超来校讲学(1922—1923)

第八节　南高师、东大师生的革命活动

一、南京城内第一个中共党小组

1922年，国立东南大学学生谢远定、吴肃等加入中国共产党，1923年7月，东大学生宛希俨入党，10月11日南京城内第一个中共党小组成立，谢远定为组长，沈泽民、宛希俨为成员。

二、南京早期的青年团组织

1922年5月5日，中国社会主义青年团南京地委在国立东南大学梅庵举行成立大会，推选国立东南大学学生吴肃、侯曜为负责人。

1923年8月20日—25日，中国社会主义青年团第二次全国代表大会在梅庵召开。南京团组织代表、国立东南大学学生谢远定参加了会议。

谢远定

吴肃

梅庵

三、马克思主义在南高师、东大的传播

五四运动后,南京一批先进青年积极寻求革命真理,探索"改造中国"的道路。河海工程专门学校张闻天与南高师杨贤江等人共同创办《南京学生联合会日刊》,接着又成立了"少年中国学会南京分会",杨贤江被推为书记。1920年杨贤江在南高师组织了"马克思主义研究小组",邀请杨杏佛教授演讲马克思主义。

马克思主义教育家、南高师学监处事务员杨贤江

东大教授杨杏佛

《少年中国》杂志

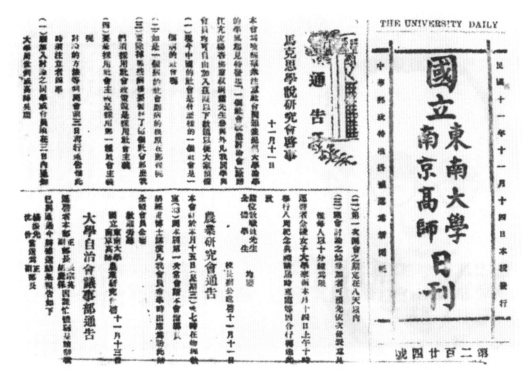

马克思主义研究会成立通告

第三章　巍巍中大 (1927—1949)

概　述

　　1927年国民政府定都南京,6月南京国民政府将国立东南大学与河海工科大学等九所专科以上公立学校合并为国立第四中山大学,1928年2月又改称江苏大学,同年5月定名国立中央大学(简称"中大"),共设文、理、法、教育、农、工、商、医8个学院,是当时全国院系最全、规模最大的大学。

　　1932年,罗家伦出任中央大学校长。他治校十年,延聘名师,充实师资,使中央大学一时俊彦云集;他调整扩充学科设置,努力改善办学条件,为学校的长远发展奠定了基础;他提出了"诚、朴、雄、伟"的学风,致力于使中央大学承担起"创造有机体的民族文化"的使命。

张乃燕校长

　　1937年抗战爆发,南京沦陷,中央大学迁校重庆沙坪坝松林坡,并在柏溪建立分校。西迁期间,中大师生在抗日精神的感召下经历了血与火的洗礼,齐心协力,不断扩大办学规模,使中大的发展达到鼎盛时期,中大被誉为民国最高学府。与此同时,沦陷区中央大学学生与日伪政权展开了不屈的斗争。抗战胜利后,西迁的中大于1946年分批东还回到南京。

　　1949年8月8日,国立中央大学更名为国立南京大学,次年10月,直称南京大学。

第一节 国立第四中山大学与江苏大学

1927年6月,国立东南大学与河海工科大学、江苏政法大学、江苏医科大学、南京工业专门学校、南京第一农业专门学校、南京商业专门学校、苏州工业专门学校、上海医科大学九所专科以上公立学校合并为国立第四中山大学,下设自然科学、社会科学、文学、哲学、教育学、工学、农学、商学、医学9个学院,除商、医两学院设在上海外,其他均以东大原址为校舍,1928年2月改称江苏大学。

国立第四中山大学校印

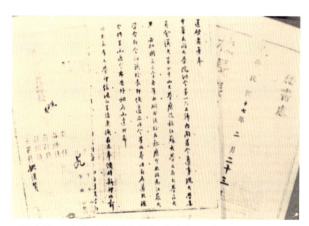

国立第四中山大学更名为江苏大学函稿(1928年2月)

国立第四中山大学学科设置

院　名	系 、科
自然科学院	算学系、物理学系(附天文)、化学系、地学系(附矿物、气象)、生物学系、人类学系、心理学系
社会科学院	史地学系、社会学系、经济学系、政治学系、法律学系
文学院	中国文学系、外国文学系、语言学系
哲学院	哲学系
教育学院	教育学系、体育专修科、师资科、艺术专修科
工学院	土木工程科、电机工程科、机械工程科、建筑工程科、化学工程科
农学院	农作物门、园艺门、畜牧门、蚕桑门、农产制造门、森林组、昆虫组、农艺化学组、植物病理组、农业工程组
商学院	银行科、会计科、工商管理科、国际贸易科
医学院	基本医学科、临床医学科 附设护病专修科

第二节　定名国立中央大学

　　1928年2月学校改名为江苏大学后,全校师生群情激愤,组成"改定校名请愿团",要求政府依照英国伦敦大学、法国巴黎大学等的做法,将校名改为国立南京大学。1928年5月16日,国民政府行政院做出决议,江苏大学改称国立中央大学,张乃燕仍为校长。图为国立中央大学校门。

国立中央大学

中央大学校徽（1930年前）

中央大学校徽（1930年后）

中央大学礼堂

国立中央大学校歌

汪东 词　程懋筠 曲

维襟江而枕海兮 金陵宅其中

陟升皇以临眺兮 此实为天府之雄

焕哉郁郁兮文所钟 宏哉黉舍兮甲于南东

干戈永戢 弦诵斯崇 百年树人 郁郁葱葱

广博易良兮吴之风 以此为教兮四方来同

第三节　易长风波

　　1930年10月,张乃燕因经费问题辞去校长职务后,朱家骅校长任职一年余。1931年9月28日,中大师生因九一八事变后我国外交失败而怒打傲慢无礼的外交部长王正廷,12月17日,又围攻国民党中央党部并冲砸诋毁学生运动的《中央日报》馆。朱家骅因此而引咎辞职,校务由法学院院长刘光华代理。

　　1932年1月8日,国民政府任命桂崇基为中大校长,桂因遭到学生的反对而辞职。1月31日,国民政府又任命曾经担任过东大副主任(副校长)的任鸿隽为中大校长,任坚辞不就。此时刘光华亦辞代理校务之职。

　　6月28日,行政院议决由教育部行政次长段锡朋代理中央大学校长。中大学生反对政客式人物统治中大,曾由学生会出面向行政院提出,要求委派国内知名学者担任中大校长,当时曾得到行政院院长汪精卫的当面答复。所以当学生听说靠国民党党务起家的段锡朋到校就职时,感受到欺骗和羞辱,便从各教室涌向校长办公室楼下,高呼口号,反对段锡朋出任中大校长,部分学生甚至扭打段锡朋,砸了段的小汽车。段锡朋十分狼狈,仓皇离校。

　　7月2日,教育部派委员4人接收了中大,教员全部解聘。4日布告所有学生立即离校,听候甄别。6日行政院议决由蔡元培、钱天鹤、顾孟余、竺可桢、罗家伦等为中大整理委员会委员,李四光为副委员长,并于整理期间代行校长职务。直至1932年8月26日罗家伦被任命为校长,易长风波方告平息。

朱家骅

桂崇基

任鸿隽

刘光华

段锡朋

李四光

第四节 罗家伦的治校方针和教育思想

罗家伦校长

一、延聘名师

1932年,罗家伦出任中央大学校长,开启了学校发展至关重要的十年,形成了"诚、朴、雄、伟"的学风。即使在战乱的困窘艰辛中,中大师生在他的领导下,始终不失雄伟奋发的民族气概和真诚朴实的科学操守。中大以"研究高深学问"为职责,在战火中坚持对学问的执着和诚意,取得了许多重要的科研成果。马寅初、徐悲鸿、金善宝、蔡翘、梁希、童第周、张钰哲、罗宗洛等许多名师任教于中央大学;朱光亚、任新民、黄纬禄、钱骥、丁衡高、张存浩、吴健雄、吴作人、冯元桢、李国鼎、聂华苓等许多杰出的政治家、科学家、经济学家、文学家、艺术家、企业家曾在中央大学就读。

经济学家马寅初

哲学家宗白华

艺术家徐悲鸿

艺术家张大千

生物学家欧阳翥

天文学家张钰哲

林学家梁希

农学家金善宝

医学家蔡翘

生物学家童第周

文学家闻一多

化学家庄长恭

二、改善办学条件

1932年9月至1936年9月,筹措校舍建设经费87万元,重修生物馆、东南院、南高院、体育馆,新建游泳池、文昌桥学生宿舍二幢,改建女生宿舍,扩建图书馆等。

东南院

科学馆

第三章　巍巍中大(1927—1949)

生物馆

南高院

医学院学生在做实验

化学工程实验室

机械工程科原动室

电机工程科电机实验室

三、学科调整

罗家伦校长对中央大学系、科设置进行了调整与扩充。1933年教育学院增设心理系,工学院恢复化学工程系;1934年成立机械特别研究班于工学院;1935年重建医学院,开办全国唯一的国立牙医专科学校;1937年成立我国第一个航空工程系,工学院增设水利工程系,筹建中央大学研究院等。经过一系列学科调整和扩充之后,中大拥有文、理、法、教育、农、工、医7个学院,下设34个系,学科设置之全和学校规模之大为全国各高校之冠。

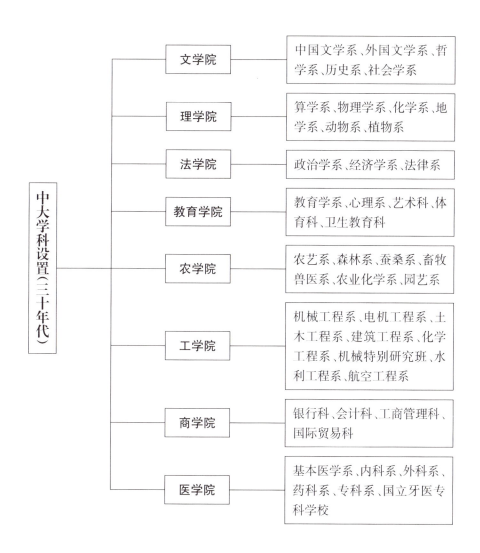

四、英才辈出

物理系朱光亚

化学工程系任新民

电机工程系黄纬禄

理化系钱骥

化学工程学系张存浩

航空工程系冯元桢

物理系李国鼎

物理系吴健雄

外国语文学系聂华苓

机械工程学系丁衡高

国立中央大学农艺系师长暨三六级毕业同学合影纪念

土木工程科第一届毕业生合影

实验民众学校第一届毕业典礼

国立中央大学第一届毕业生合影

航空工程系1940级同学合影

中大法学院政治学系师生合影

地质系1947级毕业生与老师合影

五、校园文化生活

罗家伦校长（左）与万米长跑冠军合影

国立中央大学拳击队（1945年摄于重庆沙坪坝）

中大工学院足球队

1933年,中央大学院际赛锦标队农学院队

中大嘉陵歌咏团

中大学生器乐四重奏演出

罗家伦(1897—1969) 字志希,浙江绍兴人,出生于江西进贤。1917年考入北京大学,后赴欧美留学。1932—1941年担任中央大学校长。后任国民党中央党史编纂委员会副主任委员、驻印度大使、"考试院"副院长、"国史馆"馆长、"总统府"国策顾问等。他任校长的十年,是中央大学危难深重而又有长足发展的十年。

在北大求学期间,罗家伦与傅斯年等人共同创办了新文化运动中颇具影响力的刊物《新潮》。他是五四运动的学生领袖之一,并被推举为代表,前往各国使馆递送《意见书》,希望各国予以"同情之援助"。5月26日,以"毅"为笔名在《每周日报》第23期上发表了《五四运动的精神》一文,首次提出了"五四"和"五四运动"的重要概念。

1920年赴美留学，先后在普林斯顿大学和哥伦比亚大学攻读历史，又转往英国伦敦大学、德国柏林大学和法国巴黎大学深造，1925年回国，任国立东南大学教授。随后参加北伐，先后任国民革命军总司令蒋介石的秘书、中央党务学校教务主任和代理教务长等。1928年，清华大学改为国立清华大学，31岁的罗家伦被任命为首任校长。可见，罗家伦之所以能够出任中央大学校长并为师生所接受，一方面是因为蒋介石的器重，另一方面，与他是"五四"学生领袖的形象乃至其传奇般的留学经历有关。

1931年罗家伦出任中央大学校长，他认为当时中国的危机不仅仅是政治和社会的腐败，最重要者在于没有一种"足以振起整个的民族精神"的文化。中央大学的使命应该是"为中国建立有机体的民族文化"。出于这样高屋建瓴的考虑，罗家伦提出了"安定、充实、发展"的治校方略与"诚朴雄伟"的学风，"诚朴雄伟"至今仍是南京大学的校训。

罗家伦校长通过对师资的甄选，学科的不断调整完善，学校硬件设施的改进，使得中央大学成为民国第一学府。

规划建设万人大学

罗家伦校长出于对学校进一步发展的考量，为了拓展办学空间，率先提出筹建万人大学的想法，决定另觅新校址。

1934年，国民党中央全会通过"建立中央大学新校址"的提案，1935年11月在石子岗征地8000亩，1937年1月新校址动工。然而七七事变后，抗日战争全面爆发，中大新校址的建设被迫停止。虽然因抗战爆发最终未能实现建设万人大学的宏图，但建校的款项用于学校的西迁，极大地保存了学校的有生力量，使中大在西迁后仍然成绩斐然。图为规划中的中央大学新校址设计图。

第一名 辛 基泰工程司作品

万人大学规划平面图

施士元(1908—2007) 上海崇明人。1929年清华大学毕业后赴巴黎大学留学,是居里夫人为中国培养的唯一博士。1933年归国后,一直担任中央大学教授、南京大学物理系教授,并曾任系主任。学生当中有十多人当选为中科院院士。

施士元(左一)博士论文答辩时的情景。图中右2为居里夫人,其他两位答辩委员均为诺贝尔奖获得者

1929年秋,施士元与王淦昌等四人成为清华大学物理系的首届毕业生。一毕业他就考取了江苏省首批公费留学生,远赴重洋,来到了巴黎大学镭研究所,幸运地成为因发现钋元素、镭元素并提炼出镭而成为世界上第一位两次获得诺贝尔奖、唯一既获得诺贝尔化学奖又获得物理奖的比埃尔·居里夫人的及门弟子。在居里夫人的悉心指导下,他专门从事钍及锕放射性同位素β谱的研究。经过四年的苦心攻读,他终于以优异的成绩毕业,成为居里夫人为中国培养的第一位也是唯一的博士,第二年居里夫人便因恶性白血病去世了。

1933年回到国内,他受聘担任中央大学物理系教授,时年25岁,成为全国最年轻的教授之一。在1994年首批当选为中国科学院外籍院士的科学家当中,有一位世界最著名的女实验物理学家,她在各种场合都声称自己是施士元的学生。这位女物理学家,便是在国际上被尊称为"世界物理女王"、"中国的居里夫人"的吴健雄。30年代在中央大学求学期间,她是施士元的学生,60年前吴健雄那篇出色的毕业论文就是在施士元的指导下完成的。后来吴健雄得以与"原子弹之父"奥本海默共事并参与著名的"曼哈顿计划",应该说这与她早期所接受的核物理教育很有关系。因此,我国凝聚态物理泰斗冯端院士曾亲切且传神地说:"他是把科学王国里两位最杰出的女性连结在一起的物理学家。"

1947年,赵忠尧、施士元推荐吴健雄回母校担任教授的推荐表

第五节　西迁办学

1937年7月7日,卢沟桥事变爆发,日本军国主义发动全面侵华战争。中央大学连遭敌机轰炸,损失惨重,迫于形势不得不在该年10月至11月分批西迁四川。其中文、理、工、农、法、教育学院设在重庆沙坪坝松林坡,医学院及农学院的畜牧兽医系建在成都华西坝,中大实验中学设在贵阳。次年,又在离沙坪坝15千米的柏溪建立分校。

1937年9月13日,教育部准中央大学西迁重庆的批文

中央大学举校西迁时乘坐的民生公司轮船"民生号"

第三章　巍巍中大(1927—1949)

西迁时期中央大学的文、理、工、法、农、教育学院设在重庆沙坪坝松林坡

重庆沙坪坝中央大学大礼堂

重庆沙坝中央大学学生宿舍

王作荣1939年在重庆沙坪坝中央大学的学生证

第三章 巍巍中大（1927—1949）

中央大学历史系1941级同学在重庆沙坪坝校区松林坡合影

重庆六校联合音乐会

1945年元旦摄于重庆沙坪坝

国立中央大学(艺术系)嘉陵美术会欢迎徐悲鸿教授由南洋归国返校
师生联欢会。1942年6月29日(民国三十一年)摄于重庆沙坪坝本校

一、校长更迭

1941年8月,罗家伦辞职后,校长依次为顾孟余、蒋中正、顾毓琇,任期都只有一年左右。

顾孟余

蒋中正

顾毓琇

二、学科调整

1938年底,奉行政院令,改教育学院为师范学院。

继1939年增设六年制牙科之后又办牙医专科学校、护士师资专修科、高级医师检验职业科、司法检验员训练班等。

1941年,恢复社会学系,隶属法学院。

1942年,农学院农艺系农业经济组扩建为农业经济系,隶属农学院。

1943年,理学院地理系气象组独立建制,成为我国第一个气象系。

1944年,成立边政系,隶属法学院。

1945年,成立俄文专修科,隶属文学院。

三、成立研究院

1936年秋,理学院和农学院开始招收研究生。1938年12月,创办了中央大学研究院,1939年秋正式招生。当初仅5个研究所7个学部,之后不断发展,到东还南京前已有7个研究所23个学部,共有63人获得了硕士学位。

中央大学研究院院徽

1943年度中央大学研究院概况

所	主 任	学 部	主 任	研究生
文科	范存忠	哲学 历史	方东美 柳诒徵	6
理科	欧阳翥	生物 地理 化学 物理 数学	欧阳翥 胡焕庸 高济宇 王恒守 胡坤升	15
法科	何联奎	政治经济	黄正铭	9
师范科	徐养秋	教育心理	艾 伟	10
农科	邹钟林	农艺 森林	周承和 梁 希	11
工科	陈 章	土木 机械 电机	刘树勋 杨家瑜 陈 章	6
医科	戚寿南	生理 公共卫生	蔡 翘 李廷安	6

西迁重庆沙坪坝校区

1937年，中央大学迫于形势不得不在10月至11月分批西迁四川。

迁校期间最为感人的要数农学院对大批良种牲畜的搬运。虽然罗家伦临行前给牧场职工发了安置费，并表示若敌军逼近，这些牲畜能迁则迁不必勉强，但畜牧场职工却用安置费雇佣了民船，把场内的良种畜禽运过长江后，自行设法将鸡、鸭、兔子装进笼中，驮在荷兰牛、澳洲羊、美国猪身上，驱赶着它们徒步从江浦出发，经过安徽、河南边境转入湖北，历时一年后从宜昌乘船至重庆。当牧场职工风尘仆仆、须发蓬松带着这些中外良种牲畜万里迢迢来到新校区时，作为校长和迁校决策者的罗家伦不禁热泪沾襟，竟孩子般的与远道回归的牲畜相拥亲吻。

西迁后办学条件十分艰苦，师生们吃不饱，穿不暖，住的是黄泥糊的竹笆屋，睡的是"统舱"，几十个人、多至几百个人挤一大间屋子，拥挤不堪。重庆气候潮湿闷热，蚊蝇、昆虫遍地都是，加上营养不良，中大师生几乎差不多都有疟疾病史，肺炎、肝炎、肠炎的发病率很高。另外，校园还常常遭到日军飞机轰炸，钻防空洞成了师生们的"必修课"，据教师对沙坪坝地区的统计，有一月空袭高达28次，有一个月钻过5次防空洞，成都华西坝还有2名学生被炸死。在防空洞里，同学们还在学习，警报一解除，学校就上课。当时中央大学拥有很多具有学术权威的教授，对学生们影响很大。教授们教学认真，中午也不回家，生活相当清苦。学生们课余去请教教授，他们也不怕麻烦,因此师生之间感情深厚,关系十分融洽。抗日战争初期,国家粮食部只供应中央大学每天30担(包括教职工)平价米。这种米质量极差,杂有沙子、霉变米、老鼠屎等,煮出来的饭难以下咽,同学们戏称为"八宝饭"。那时在学生中广为流传着"顶天立地"、"空前绝后"两句极为形象的话。"顶天"就是下雨没有伞,光着头淋雨;"立地"就是鞋袜洞破,光着脚着地;"空前绝后"就是裤子前膝或后臀部穿破了。

八年抗战的苦难生活,他们经历了战争的、政治的、生活的种种磨难,这不仅未使他们意志消沉,反而更加增强了民族意识和不畏艰难困苦的精神,他们始终以饱满的热忱,锲而不舍的精神,坚持教学和科研。根据战时特定的需要,不少领域的科研都有了新的发展,并取得了一批直接为抗战服务的教学、科研成果。

徐悲鸿卖画筹款抗日

徐悲鸿在新加坡、香港等地举办画展,将全部画款捐献给祖国,以救济难民。1940年春,徐应印度诗人泰戈尔之邀,赴印度国际大学讲学,其间利用各种机会,积极宣传中国的抗日战争。在印度两次举办画展,所得款项全部捐寄祖国,救济难民。

1938年,画家徐悲鸿在南洋举行赈灾义展

徐悲鸿还亲自作国画《愚公移山》,寓意中国人民以愚公移山的精神一定能移掉压在我们身后的两座大山——封建主义和帝国主义,一定能取得抗日战争的最后胜利。整个画面描绘了正在开山凿石的壮观场面,表现了那种坚卓的精神和强劲无比的力量,给人们以巨大鼓舞。

从"自然科学座谈会"到"九三学社"

1944年底,位于重庆沙坪坝的中央大学校园内,潘菽、梁希、金善宝等一批知名教授发起组织"自然科学座谈会",它是今天"九三学社"的前身。由于当时日军疯狂进攻西南地区,"自然科学座谈会"走出校园,与重庆科技界、文化界、教育界的高级知识分子,讨论民主与抗战问题。他们齐聚许德珩和劳君展夫妇家中,成立"民主科学座谈会"。

1945年9月3日日本无条件投降,为了纪念中国人民抗日战争和世界反法西斯战争的伟大胜利,"民主科学座谈会"改名为"九三座谈会"。同年10月,中共中央代表团到达重庆,许德珩主席向毛主席汇报了座谈会的情况。为了将"座谈会"精神继续下去,他提出建立一个永久性组织的愿望,这一想法立即得到了毛泽东和周恩来的大力支持和推动。次年,"九三学社"正式成立。

西迁时期中央大学教授撰写并出版的部分论著

★艾　伟:《高级统计学》　　　　　　黄其林:《中国园艺虫害》

★胡焕庸:《中国经济地理》　　　　　邹钟林:《普通昆虫学》

★缪凤林:《中国通史要略》　　　　　孙　鼐:《普通地质学》《工程地质学》

★黄夏千:《航空气象学》　　　　　　余大缜:《英国文学史》

孙本文:《中国社会问题》　　　　　　柳无忌:《曼殊大师纪念集》

李长之:《西洋哲学史》　　　　　　　常任侠:《汉唐之间西域乐舞百戏东渐史》

罗根泽:《周秦两汉文学批评史》　　　吴传颐:《比较破产法》

徐仲年:《初级法文文法》　　　　　　唐君毅:《中西哲学思想之比较研究集》

林振镛:《刑法学》　　　　　　　　　朱经农:《近代教育思潮七讲》

朱　契:《中国财政问题》　　　　　　范存忠:《英语学习讲话》

朱伯康:《经济学纲要》　　　　　　　许哲士:《工商管理学》

许恪士:《中国教育思想史》　　　　　何兆清:《西洋科学思想概况》

肖　崚:《教育心理学》　　　　　　　陈正祥:《日本地理研究》

潘　菽:《普通心理学》　　　　　　　金善宝:《中国小麦区域》

胡焕庸:《气候学》《国防地理》　　　孟心如:《毒气与防御》《化学战》

朱炳海:《普通气象学》《军事气象学大纲》　赵廷炳:《阳离子分析法》

孙醒东:《中国食用作物》　　　　　　张德粹:《农业合作》

孙光远:《微积分学》

(有★者为部订教材)

国立中央大学农学丛刊　　国立中央大学社会学丛刊　　国立中央大学教育丛刊　　国立中央大学文艺丛刊

部聘教授

　　1941年，国民政府教育部颁布《部聘教授办法》，实行"部聘教授"制，按学科评选出一批资深、有名望的教授，改由教育部直接聘任(原则上每学科1名)。部聘教授每月薪金600元(相当校长待遇)，另加发研究补助费400元。部聘教授还负有"辅导全国各院校对于学科之教学与研究事项"的重任，由教育部分派赴各地讲学。

　　同年底，教育部公布了第一批部聘教授30名，中央大学有梁希(林学)、孙本文(社会学)、艾伟(心理)、胡焕庸(地理)、蔡翘(生理)、秉志(生物)6位教授荣任。1943年，评审出第二批部聘教授15名，中央大学有楼光来(外文)、胡小石(国学)、柳诒徵(历史)、高济宇(化学)、常导直(教育学)、徐悲鸿(艺术)、戴修瓒(法律)7位教授荣任，差不多是总数的一半。这些中青年教授，活跃在教学第一线，思维敏捷，接受新事物快，克服了战时教学、生活上的重重困难，有力地推动了教学工作的开展与教学质量的提高。

沦陷区的南京中央大学

　　1940年4月，汪伪"行政院"通过"在南京建立中央大学案"，校址始设于原中央政治学校，后迁至金陵大学。在校学生数曾达1100余人，教师165人，其中教授、副教授110人，讲师39人，日籍教员15人，德籍教员1人。全校设文、法商、教育、理工、农、医6个学院。1945年9月南京中央大学改为南京临时大学，1946年6月，临时大学撤销，学生分别转入国立中央大学、上海交通大学、浙江大学等校。

南京中央大学迁至金陵大学

南京中央大学初建时校址

南京中央大学外文系第一届毕业生、中共地下党员厉恩虞
与他的同学在玄武湖的合影

南京中央大学京郊农村调查团全体人员

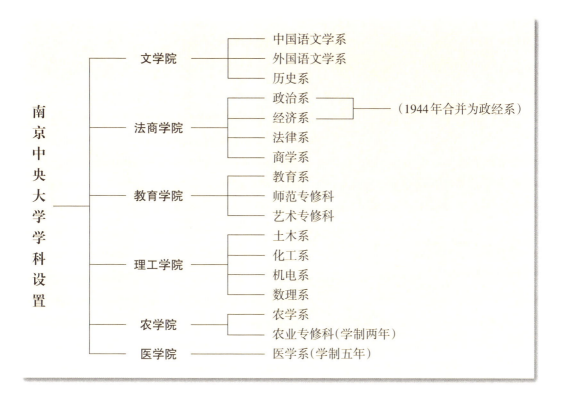

南京中央大学学科设置

- 文学院
  - 中国语文学系
  - 外国语文学系
  - 历史系
- 法商学院
  - 政治系
  - 经济系 （1944年合并为政经系）
  - 法律系
  - 商学系
- 教育学院
  - 教育系
  - 师范专修科
  - 艺术专修科
- 理工学院
  - 土木系
  - 化工系
  - 机电系
  - 数理系
- 农学院
  - 农学系
  - 农业专修科（学制两年）
- 医学院
  - 医学系（学制五年）

清毒运动

沦陷区中央大学学生，在中共地下党组织的领导下，成立了秘密的反日团体，如"群社"、"青年救国社"等，隐蔽开展各种抗日活动。其中最著名的就是清毒运动。

1943年12月17日，南京中央大学200多名学生在厉恩虞、王嘉谟的带领下，到街上举行清

南京新街口第二届清毒大会的现场

毒游行，到烟馆集中地夫子庙地区，砸了"逍遥阁"、"云裳阁"、"广寒宫"等几家大的烟馆，并向广大群众宣传烟祸的危害性和严重性。1943年12月18日下午，以南京中央大学为首的三千多名大中学校的学生举行示威游行，在"国民大会堂"将缴获的逾万两的烟土、数千支烟具及赌具焚毁，大家欢呼雀跃、庆祝胜利。

1944年1月24日，南京学生"清毒运动"工作团组织100多人，搜查"白面大王"曹

玉成的家,将搜出的海洛因当众焚烧,并将曹押送警察厅。当时,江泽民的高年级学长厉恩虞就是这场运动的学生领袖。他英勇机智,表现突出,带领数百名学生上街游行砸了鸦片烟馆,在全国造成一定声势,迫使汪精卫枪毙了"白面大王"。

1998年江泽民同志发表了《忆厉恩虞同志》的文章,专门回忆了这段历史。文中写道:"1943年冬,我与厉恩虞同志同在南京中央大学读书,他念的是外国文学系,已是高班四年级的学生,我进大学不久,是电机系的低班学生。我作为一个积极要求进步的学生,参加了那场运动(指厉恩虞领导的清毒运动)。在一个非常寒冷的夜晚,我们几千学生高呼禁毒口号,游行到夫子庙一带,冲砸了所有的鸦片烟馆。厉恩虞同志当场发表了一篇慷慨激昂的演说,深深打动大家的心灵。"

厉恩虞

"文化大革命"中厉恩虞同志受到冲击,并下放"五七干校",但他无怨无悔,始终对党和人民的事业抱着坚定的信念。1999年,在江泽民总书记的提议下,《厉恩虞纪念集》正式出版,《纪念集》描绘了一个生动、真实的厉恩虞,展示了他作为一个共产党人崇高的思想境界。

忆厉恩虞同志

(一九九八年七月十七日)

江泽民

江泽民同志在1998年7月17日撰写的纪念文章

江泽民同志曾在南京中央大学机电系就读三年,曾经亲身参加过反对鸦片烟毒的"清毒斗争"。图为江泽民同志在南京中央大学读书时的借书证

第六节　回迁后的中央大学

吴有训校长

　　1945年8月,吴有训出任校长,即着手筹备抗战胜利后回迁南京事宜。图为东还后的中央大学校长吴有训。

　　1946年5月至7月,12000多名师生及家属前后分八批乘船东还返宁。东还后,中央大学分为四牌楼校本部和丁家桥二部,学校对两处校舍均进行了整修和扩建。11月,中央大学在南京复校上课。

1946年,全国考选公费留学生,中大学生考上的人数在全国遥遥领先。图为校长吴有训与学生合影

一、东还后中央大学概况

东还后中央大学概况

学　生			教职工					开设课程	
								本部	分部
本科生	先修班	研究生	教授	副教授	讲师	助教	职工		
4556	95	68	312	62	71	334	472	1432	170
学生合计:4719			教职工合计:1251						

国立中央大学丁家桥二部(原为农学院农场,中大东还后扩充土地共800亩,又称新生院)

东还后的中央大学全景

二、东还后中央大学科研一瞥

1947年,中大物理系主任赵忠尧受吴有训校长之托,在美国购得可供原子能研究的设备Vande Graff Machine等,在九华山下创办我国最早的原子能科学研究基地

航空工程系自行设计并安装成功的飞机模拟试验风洞,是当时国内最先进的设备之一

吴有训(1897—1977)　字正之,江西高安人。曾任中国物理学会理事长、全国政协常委、全国人大常委。著名物理学家、教育家,中国科学院院士。

1916年,吴考入南京高等师范学校理化部。1921年冬,考取江西官费留美生,1926年获芝加哥大学博士学位。其间,参与A.H.康普顿X射线散射研究,以精湛的实验技术和精辟的理论分析,验证了康普顿效应性,使康普顿效应进一步为国际物理学界所公认,吴有训也因此享誉世界。回国后,先后受聘清华大学物理系教授、系主任、理学院院长。

1945年,抗日战争胜利,吴有训出任国立中央大学校长,他一手操办了学校东还返宁事宜并使学校在南京复校上课。在重庆,为了反对国民党坚持独裁、内战的政策,推动政协会议的召开,中央大学发动并组织了重庆“一·二五”万人大游行。为了支持学生,吴有训加入游行队伍并走在队伍最前头,鼓舞了士气。在南京,中央大学发动了反饥饿、反内战、反迫害的五二〇运动。“血案”发生后,南京警备司令部发布了中央大学戒严令,并向学校出示一张逮捕名单,上面有40多名学生。为了保护青年学生,吴有训利用自己在科技文教界的声誉,联合社会各界知名人士进行声援,才迫使警备司令部撤除了戒严令。

1948年8月,吴有训因长期积郁和劳累心脏病复发,辞去中央大学校长一职,后受聘于上海交通大学,任物理系教授。1950年调任中国科学院副院长。1955年当选中国科学院学部委员。

第七节　五二〇运动

五二〇运动是指1947年5月20日,由中央大学始发而后扩展到京沪苏杭平津等全国60多个大中城市的"反饥饿、反内战、反迫害"的青年学生爱国民主运动。

物价对比

项目	1946年12月物价(元)	1947年5月物价(元)	物价倍数
大米	55000	286000	5.2
猪肉	2000	8000	4
大豆	3000	18000	6
豆油	120000	550000	4.6
煤	12000	30000	2.5
平均			4.4

1946年,国民党发动全面内战,巨额的军费负担、财政的入不敷出,导致恶性通货膨胀,国统区物价暴涨,民不聊生。公教人员、青年学生的生活水平也急剧下降,常处于饥饿状态,中央大学公费生一天的副食费只够买两根半油条或一块豆腐。

1947年5月6日,中大召开教授会,通过《要求提高教育经费,改善教职员工待遇宣言》,郑重做出五项决议,并表示"如不能达到目的,吾人为国家前途及实际生活计,当采取适当步骤,以求五项决议案之有效贯彻"之决心。《宣言》要求全国从事文化教育的工作者,团结起来,坚决支持此决议案,这呼声震动了南北各大学,也引发了中大的"吃光运动",成为五二〇运动的导火线。中央大学、金陵大学等校师生在共产党的领导下,于1947年5月20日展开了一场声势浩大的"反饥饿、反内战、反迫害"爱国民主运动,全国60多个城市的学生都纷纷罢课游行。

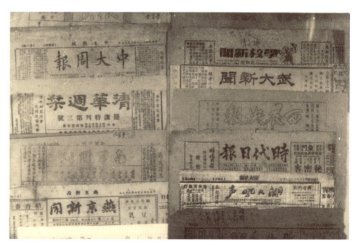

当年部分报刊对五二〇运动的报道

1947年5月20日,中大学生游行队伍

学生游行队伍到达珠江路时受到宪兵及警察阻挠,遭袭击与围殴

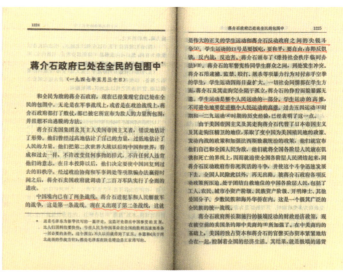

毛泽东高度评价五二〇运动

毛泽东5月30日发表的《蒋介石政府已处在全民的包围中》一文说："中国境内已有了两条战线。蒋介石进犯军和人民解放军的战争,这是第一条战线。现在又出现了第二条战线,这就是伟大的正义的学生运动和蒋介石反动政府之间的尖锐斗争……学生运动的高涨,不可避免地要促进整个人民运动的高涨。"

1954年6月,校务委员会决议,学校历史自1902年算起,并将五二〇运动纪念日作为南大的校庆日

第八节 护校迎解放

1948年8月,吴有训校长辞职,由教务长周鸿经接任,周鸿经不久离校。国民党疯狂搜捕迫害进步师生,并下达迁校密令。1949年1月21日,校务会议通过"以不迁校为原则"的决议。中大教授会组织"校务维持委员会",由梁希、郑集、胡小石三人任常委,主持校务,护校应变。全校师生在党的领导下,以"起看星河含曙意,我以我血荐黎明"(梁希诗句)的决心,展开了反迁校斗争,积极护校迎解放。

校务维持委员会常委梁希

校务维持委员会常委郑集

校务维持委员会常委胡小石

1949年4月26日,应周恩来之邀于南京解放前夕秘密北上参加新政治协商会议筹备工作的梁希、潘菽两教授自北平来电:"庆贺南京解放,并祝学校平安"

4月27日,中央大学教授会、维持会电复梁、潘:"亟盼就近催促,派员接受,并恳速驾返校,共策前途。"梁、潘二教授立即电请刘伯承将军早日派员办理中央大学接收事宜。5月7日,中国人民解放军南京军事管制委员会主任刘伯承、副主任宋任穷委派市军管会文教接管委员会大专部部长赵卓为中央大学军代表,并负责该校接管事宜

第二编　源起汇文(1888—1952)

南京大学的另一源头金陵大学，是美国基督教会美以美会在南京创办的教会大学，也是第一个向中国政府请求立案并获批准的教会大学。金陵大学，为中国现代大学教育的建立与发展、现代科学技术的引进、新的人才培养模式的开创、优秀人才的输送都做出了突出贡献，是当时教会大学中唯一的 A 类大学，享有"江东之雄"、"钟山之英"的美誉。

1951 年，金陵大学与金陵女子文理学院合并，由政府接管。1952 年全国高校院系调整，金陵大学撤销建制，主体并入南京大学。

第四章　从书院到大学堂(1888—1910)

概　述

　　1888年,美国基督教会美以美会的传教士傅罗(C.H.Fowler)在南京干河沿创办汇文书院(Nanking University),请福开森担任院长。后来,美国基督教会中的基督会和长老会又分别于1891年和1894年在南京创办了基督书院(Christian College)和益智书院(Presbyterian School)。1907年,基督、益智两书院合并为宏育书院(Union Christian College)。1910年,宏育书院又与汇文书院合并,依大学建制成立金陵大学堂。后更名为金陵大学(University of Nanking)(简称"金大")。

金陵大学堂印

第一节　历任院(校)长

福开森(J.C.Ferguson)汇文书院首任院长,金陵大学校董

师图尔(G.A.Stuart)汇文书院第二任院长

美在中(F.E.Meigs)基督书院院长、宏育书院院长

文怀恩(J.E.Williams)先后任益智书院院长、宏育书院副院长、金陵大学副校长

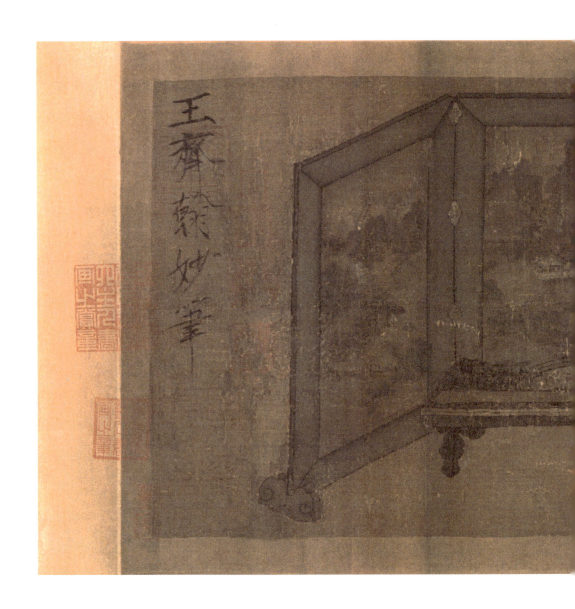

第四章 从书院到大学堂(1888—1910)

福开森捐赠藏品中南唐王齐翰之《勘书图》

福开森(J. C. Ferguson, 1866—1945) 字茂生,著名汉学家、教育家、鉴赏家、慈善家,生于加拿大安大略省。1886年毕业于美国波士顿大学,获文学学士学位(1902年获博士学位),1887年来华传教,先在镇江学习汉语,后到南京。1888年,美以美会在南京创办汇文书院(Nanking University),福开森担任首任院长。期间福开森负责规划建筑校园,初设立圣道馆、博物馆(即文理科),后增设医学馆、附属中学,使汇文书院初具规模。

1897年,受晚清著名实业家盛宣怀之邀,福开森担任南洋公学(即上海、西安交通大学前身)监院,直至1902年。1899年,福氏在上海创办了《新闻报》,经营非常成功,《新闻报》位列上海三大报之一,与《申报》齐名。他在担任《新闻报》董事长同时,先后受聘为两江总督刘坤一、湖广总督张之洞幕僚,当时上海法租界有一条马路曾被命名为福开森路(现武康路)。

离校后,福开森长期居住在中国,活跃于中国政界、文化界,受到历届政府重用,曾获清朝二品顶戴,并先后担任北洋政府总统府、国务院顾问,南京国民政府成立后又任行政院顾问。1941年,太平洋战争爆发,福开森被日军遣返回美国,于1945年在波士顿病逝。

福开森在华57年,对中国社会颇具影响,其对中国文物收藏、考古和研究方面的贡献尤为突出。福氏曾成为北京故宫博物院聘请的唯一一位外国委员,并担任纽约大都会艺术博物馆、弗利尔美术馆在华的文物采买代理人。他一生收藏中国文物珍品甚丰,其中的部分收藏品于1928年捐给其手创之金陵大学。福开森的主要著作有:《校印项元汴历代名瓷图谱》《中国美术大纲》《历代著录吉金目》《历代著录画目》《陶斋旧藏古酒器考》等。

福开森捐赠文物

1928年,金陵大学创建40周年,学校创始人、前汇文书院首任院长、后任金大校董的福开森将其在中国40年来耗费巨资收藏的文物中的一部分(近千件)捐赠给金大,作教学与科研之用。

这批文物计有“铜器327件;石7件;书卷、画册、书轴、书横幅、书楹联、碑帖共66件;玉器39件;缂丝5件;杂器41件;拓本173件;拓本册22册;照片60件;总计939件,皆属稀世珍品。铜器中如周克鼎,书画中如宋贤手札、王齐翰之挑耳图,碑帖中如宋拓王右军大观帖、欧阳率更草书,均为当代‘至宝’”。(见《金陵大学校刊》144号,146号,151号)

为收藏和展示这批文物,金大拟兴建福氏博物馆,在场馆尚未完成之前,福开森为安全起见,与北平内政部古物陈列所订结寄托单约,暂辟故宫文华殿为福氏古物展览室。后为金陵大学接收,运回本校,现藏于南京大学历史系。(国民政府内政部:《关于收藏和保管福开森博士捐赠文物的指令》[内字第126号])

赠品中以《挑耳图》最为世人所熟知。由南唐翰林侍诏王齐翰所画,原名《勘书图》,苏轼称其为《挑耳图》,后人评论此画"曲尽形神"之妙。上有李后主的印章"建业文房之印"和宋徽宗的瘦金体题字"勘书图 王齐翰妙笔",其后还有宋代苏轼和苏辙的题记,珠联璧合,极其名贵,实属国宝级文物。

第二节 校园建筑

汇文书院的建筑由美国建筑师设计,散布在东西向的主干道两侧。其中,最突出的是作为汇文象征的钟楼,1890年落成时,堪称当时南京最时髦的建筑之一。钟楼采用了四面开窗的方形平面,平面和立面都追求严谨的对称关系,尤其是主立面,连烟囱也是相互对应的,这些做法都符合英国16世纪后半叶文艺复兴时期府邸的建筑风格。但薄檐口,大开间,线脚装饰简化,高耸钟楼造型,反映出北美殖民期的建筑式样特征。另外,"钟楼建筑的屋顶原为两折形的孟莎式(Manstart Style)",此为法国古典主义的府邸建筑要素,圆弧形拱券和半圆拱入口,此为罗马建筑的惯常手法。

除钟楼,汇文还陆续建筑了教室、寝室、小教堂、西教学楼等,组成了颇有西方色彩的建筑群。其表现的美国本土殖民期建筑风格,实质上是折衷主义设计思想的结果。汇文书院是金陵大学的前身,单从建筑形式来看,汇文书院和金陵大学只有很少相似之处,但从其反映出的设计思想来分析,亦具有某种连贯性的关系。

The Oldest Building of Nanking University Erected by
DR. FERGUSON
(Burned in October 1917)
福开森先生手建校舍之最古者

汇文书院钟楼

汇文书院全景

汇文书院大门

基督书院

汇文书院院旗

　　汇文书院创立于1888年，是美国教会在南京最早开办的西式高等学校，其英文名称为"Nanking University"。汇文书院院旗在留存下来的反映中国近代高等教育发展史的校旗类文物中，并不多见。院旗以黄麻布为底，绘有红底"院标"和书院英文简名"NU"，院标上"汇文书院"四字为黑色楷书。现保存在南京大学校史博物馆。

"汇文书院、宏育书院并立"石碑

　　此碑为汇文书院和宏育书院合并时所立，书写字体为楷书，代表金陵大学堂正式成立。石碑发掘于原金陵大学图书馆附近，现藏于南京大学校史博物馆。

第三节　金陵大学鼓楼医院

早在1896年,汇文书院便设立了医学馆。师图尔为医科总教习,马林为医学教习。1913年,金大重建医科,预科两年,本科五年,授予医学博士学位,在我国最早实施七年制医学教育。

同年,金大将医科迁入先前在鼓楼购买自教会的一所房屋,并以2.7万美元购买毗邻的基督医院(基督医院是马林1892年在今天鼓楼医院所在地建成的一座4层楼房,1893年开始收治病人),作为医科的附属医院,并一起更名为金陵大学鼓楼医院。

金陵大学医护毕业学生

金陵大学鼓楼医院

第五章　江东之雄(1910—1952)

概述

　　教会大学以高标准建设高等教育机构为宗旨。19世纪末20世纪初的中国出现了众多享有较高声誉的教会大学，它们是金陵大学、金陵女子文理学院、燕京大学、齐鲁大学、华中大学、福州协和（合）大学、华南女子文理学院、广州岭南大学、成都华西大学、苏州东吴大学、杭州之江大学、上海圣约翰大学和沪江大学。

　　教会大学的建立，并非仅以宗教为目的，它们在客观上传播了西方近代自然、人文、社会科学，并在相当程度上挖掘、发扬了中国传统文化的内涵，对于增进国家之间的相互了解与友谊，把中国的知识翻译、介绍到西方，都起到了至关重要的作用。在这十几所教会大学中，金陵大学正是教会创办高等教育的典范。

民国大学院院长蔡元培为立案事给陈裕光校长的信函

第一节　金陵大学的组建、立案与发展（1910—1937）

　　1910年2月，金陵大学堂成立（1915年，随京师大学校改名为金陵大学校），著名书法家、两江师范学堂监督李瑞清题写校名，包文为学堂监督（即校长）。

金陵大学堂校名牌

　　金陵大学成立于1910年，当时已是清末"废书院、兴学堂"后期，故定名为金陵大学堂。此校牌一石一字，由五块石材组成，书写字体为柳体隶书，内似填金色漆。校名题写者为清末民初著名书法家李瑞清。此校牌现保存在南京大学鼓楼校区校史博物馆前。

位于干河沿的金陵大学堂校门

　　金大在组建时期,大学部设在汇文书院原址,中学设于宏育书院校址,小学设于益智书院校址,同时金大在鼓楼购地建造新校舍,至1921年新校舍基本竣工。自1916年起,大学部陆续迁入新校舍,干河沿旧址改设附属中学。1927年,国民政府定都南京,金大文理科科长、留美博士陈裕光成为金大第一位华人校长。1928年,按照国民政府大学院颁布条例,金大提请立案。同年9月20日立案照准,为国内教会大学最先立案者。立案后金陵大学入学人数逐年增加。

私立金陵大学校名牌

　　1910年,金陵大学堂成立。入民国后,学堂改学校,称金陵大学校。1928年,在"收回教育权运动"背景下,私立金陵大学在民国大学院立案。1930年,金大鼓楼西坡校门建成,门楣上镶嵌"私立金陵大学"名牌。此名牌由三块石料构成,每块镌刻二字,以楷书字体写成,现藏于南京大学校史博物馆。

私立金陵大学校门

金陵大学铜钟
铜钟产自美国纽约州特洛伊城的梅利尼贝尔铸造公司,悬挂在原金陵大学校门旁,当年金大的学生们就是随着钟声进出课堂

现藏于南京大学校史博物馆的金大铜钟

包文(A. J. Bowen)汇文书院院长,金陵大学首任校长

第二节　历任院(校)长

　　包文(1862—1944),生于美国伊利诺伊州,毕业于讷克司大学文学系。于光绪二十三年(1897)35岁时来华,先后担任汇文书院院长(1908—1910)和金陵大学首任校长(1910—1927)。1927年辞职返美,1937年3月应陈裕光之请重返金大,除备咨询外并教授英美文学史。七七事变后返美,此后再未来华,1944年病逝于美国。

　　《包文先生传》云:"先生为人静肃威重,豁达有容量,乐善泛爱,待人和易,而出于至诚。"

陈裕光,金陵大学首任华人校长

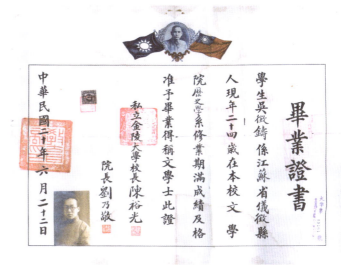

陈裕光颁发给吴徵铸私立金陵大学毕业证书(1934)

包文与金大早期发展

1.推进三院合并,创建金陵大学。包文认为当时的中国身陷困境,非教育不能救民救国。在继任汇文书院院长之后,极力推进合并。并几经协商,解决了大量细节问题,1910年最终决定宏育并入汇文,包文出任合并后的金陵大学堂监督(校长)。这次合并为金陵大学的持续发展奠定了基础。

2.争取办学资金,推进校园建设。金陵大学初创,设备简陋,师资缺乏。包文承担起学校筹款重任,因为出色的教育理念和个人能力,包文筹集到了巨额的资金,用于购置土地,重建校舍。同时包文还主持购买了与金大校园相毗连的一位清代官员余氏的旧宅"陶园"。

3.完善金大学科,尝试国际办学。包文接任校长时,金大只有文科,数理科附在文科内。他先后设立医科、农科、师范专科,使得学校规模初具,成为一所综合大学。

4.重视中国文化,促进中国教育。作为一个美国传教士,他却有一个主张是:中国人的教育应当由中国人主持。他担任校长之后,开始聘请中国人担任教授,并请他们参与学校管理和决策。1925年时,文理与农林科长均为中国人,校董和教职员工中中国人都超过半数。包文也非常重视推动中国传统文化的教育。金陵大学以英语教学闻名一时,包文则认为教学不能偏重英文,推动设立了国文系,之后又将国文列为必修课,大量购买国学典籍,是中国教会学校重视国文教育的先驱。在因病回国之后,他在美国发表演讲宣传金大,并经常来信询问学校困难和中国抗战情形,直至1944年病逝。

陈裕光(1893—1989) 号景唐,祖籍浙江宁波鄞县,著名教育家、化学家。1905年入汇文书院附属中学成美馆(今金陵中学)求学,1911年入金陵大学化学系,1915年毕业。因成绩优异于1916年由学校资送美国深造,留学期间曾担任留美中国学生会会长,并参加美国化学会,1919年他创办了《中国留学生季刊》(中文版)、《留美中国学生月刊》(英文版)。1922年获哥伦比亚大学哲学博士学位,随后返国出任北京师范大学理化系主任,并曾兼任教务长、校务委员会主席。1925年受聘金陵大学化学系有机化学教授,并于1926年接替夏伟思,任金陵大学文理科长。1927年,陈裕光接替包文出任金大校长,成为金陵大学历史上第一位华人校长,也是第一位担任教会大学校长的中国人。

他毕生致力于教育事业,从1927年11月到1951年学校改组,陈裕光担任金大校长达24年之久,是教会大学中任期最长的华人校长之一。他为金陵大学建立了优良的校风,使该校成为国内外知名的学府,培养了大批人才。由于他对教育事业的杰出贡献,先后于1929年和1945年获美国哥伦比亚大学荣誉教育奖章和美国加州大学名誉教育博士称号。1989年4月19日病逝于南京。

第三节　金陵大学校歌 校训 校标

金大校歌

词:胡小石　曲:H. S. Thompson

大江滔滔东入海,我居江东。

石城虎踞山蟠龙,我当其中。

三院嵯峨,艺术之宫,文理与林农。

思如潮,气如虹,永为南国雄。

此校歌写成于1931年,是年金大自汇文书院创始起,已经历四十余载春秋。校学生会在全校师生中征集"校歌歌词",提出三点要求:

1.歌词不必长,以能发扬互助精神,适合本校历史环境为主旨;

2.歌词不拘文言语体,惟求清晰简洁,便于记忆;

3.歌词宜声调铿锵,意气磅礴,尽发扬欢忻之致。

最后,文学院教授胡小石撰就的这首词中标,谱上美国康奈尔大学(Cornell University)校歌的旋律,最终成为金大校歌。

金陵大学校歌

金大校训

　　1942年2月23日"国父纪念周",陈裕光校长明确提出"真、诚、勤、仁"为金大校训。之后的《赠本届毕业同学》,陈裕光对四字校训予以阐释,并把前两个字调换位置,将校训改为"诚、真、勤、仁"——忠信谓诚,求是谓真,业广谓勤,博爱谓仁。

　　金陵大学校训以"诚"为首,即要讲究"忠信",细言之,就是要诚笃、诚朴、诚信。在陈裕光看来,要办好一个学校,最要紧的就是讲究一个"诚"字。

　　真,就是求是,崇真求实。包括真实明理、真诚待人、真率做人诸方面。对此,陈裕光曾多次明确地表达,后来给金大的题词仍为"存真求实,继往开来"。

　　勤,陈裕光对《尚书·周官》中"功崇惟志,业广惟勤"的思想极表赞同。而"业广惟勤"亦即韩愈《进学解》中的"业精于勤",包括了勤勉、勤恳、勤俭等方面,既有脑力之勤,又有体力之勤。

　　仁,即仁爱、仁厚、仁义。陈裕光数十年坚持着这一思想:"博爱谓仁"。并以仁爱、仁厚、仁义治校,终于形成全校"金陵一家亲"的珍贵局面。

金陵大学校校旗

金陵大学校标

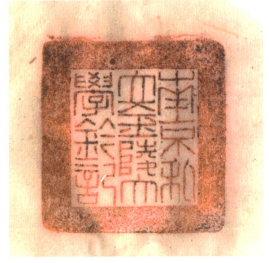

南京私立金陵大学钤记

第四节　办学理念和学科设置

办学理念:"沟通中西,造育英才"

陈裕光是一位学者型的大学校长,其办学理念主要体现于实践之中,主要分为三个方面:

一、把大学定位为沟通中西文化的桥梁。

陈裕光在金大60周年校庆大会上的讲话,开宗明义:"回溯本校为外籍校友所创立,因此以沟通中西文化,介绍西方之新进科学,为其自然的特点。"从福开森到包文,金大一直延续着这样的传统,中国文化研究所的建立和发展,就是这一传统的具体体现。

二、教与育并重,把陶养学生品格放在极其重要的地位。

"教育二字,包括两种意思,一为教导学识,一为陶养品格。"这一理念具体表现为学生的思想教育工作主要通过导师来做,学校规定导师要多与学生接触,对其学业思想及行为负责,并注重自身平日的言行,以身作则。此外,学校倡导的自控(self-control)、自尊(self-respect)和自我教育(self-education),无不对学生起到潜移默化的作用。

三、倡导教育为社会服务,实行教学、研究、推广的"三一制"(即三结合)。

金大历任校长都强调大学应为社会服务。"教育非仅求知,乃所以加强服务意志,锻炼耐劳刻苦精神。教育本身,并非仅以增加知识为已足,而在作育人才,济世惠民。"

实行"三一制"与为社会服务方面,成绩卓著者首推农学院。农经系教授卜凯主持的对中国7个省17处2866个农家,所做的农家经济调查分析,还有对中国土地利用所做的长期调查,历时9年。此外该系还接受政府委托,从事水灾、战争损失方面的重要调查研究。社会学系和理学院也拍摄了众多影片,普及农业知识和中小学教育。

学科设置:"文、理、农三院一所"

金陵大学在抗战前10年间获得较大发展。1930年,按教育部规定,将文理科改设为文、理两个学院,农林科扩充为农学院,于是金大初具文、理、农三院综合性规模。同年又得美国霍尔基金60万美元资助,设立直属校部的中国文化研究所,从此金陵大学直属的教学科研机构就一直保持着"三院一所"的格局。1935年,经教育部核准成立文、理、农三科研究所,并陆续开始招收研究生,培养高级专门人才,金大遂进入较高的办学层次。

金陵大学获得美国纽约州教育局特许证

1911年4月19日,金陵大学获得美国纽约州的特许证,由纽约州教育局长和纽约大学校长签署公文:"正式承认本校为完全大学校。其文有云:自承认之后,中国所设立之金陵大学堂,享泰西凡大学应享之权利。又云:学生凭单(毕业证书)向由该校发给,今改由纽约大学校董签发……以后凡在本学堂毕业者,即无异在美国大学校毕业也。"(《金陵光》民国2年4月第1期)

在美国加利福尼亚大学对外人在华所办大学编类中,金陵大学是教会大学中唯一的A类,持有金陵大学学位的毕业生有资格直接进入美国大学的研究生院。

《金陵光》

金大诸刊物中最早担负起"提倡学术之使命",并最具"其历史与价值"的校内刊物首推《金陵光》。《金陵光》创刊于1910年,初为双月刊,后改为季刊,刊登的均为英文文学。1913年改为中英文合刊,4月刊行第一期,以后除假期外,每月一期,全年计8期。刊头"金陵光"三字,初为张謇题,后又用北京政府教育部长范源廉的题字。

有关《金陵光》由全英文改为中英文合刊的原因,其要旨有三:一为推广规模;二为保存国粹;三为灌输学术。以上三点即为《金陵光》增刊中文版之缘起的阐述,也是其后该刊长期坚持的办刊宗旨。其时主要编辑人陶知行(为陶行知原名)在为合刊所撰的《出版宣言》中,特曰:刊物名为《金陵光》,"便怀有盛世黎民嬉游于光天化日之感,由感立志,由志生奋,由奋而扞国,而御侮,戮力而同心,使中华放大光明于世界,则金陵光之责尽,始无愧于光之名矣嘻"。

《金陵光》曾于1928年初停刊,历时两年,于1930年复刊。此间,以《金陵周刊》、《金陵月刊》取代。但由于学校此时对校内出版物的统一规划和调整,《金陵光》仅出7期即辍,以后也未能再度刊行。

《金陵光》——金陵大学早期学术刊物,1910年创刊,陶行知曾任中文主笔

第五节 校园规划和建筑

　　金陵大学校舍的第一次建设始于1911年,持续到1921年才全部竣工。这批建筑共有大楼十余座,规模宏大,美轮美奂,以中国北方官式建筑风格为基调而中西合璧,是当时南京最高大的建筑,也是今天南京大学鼓楼校区的组成部分。2006年,金陵大学旧址被国务院列为全国重点文物保护单位。

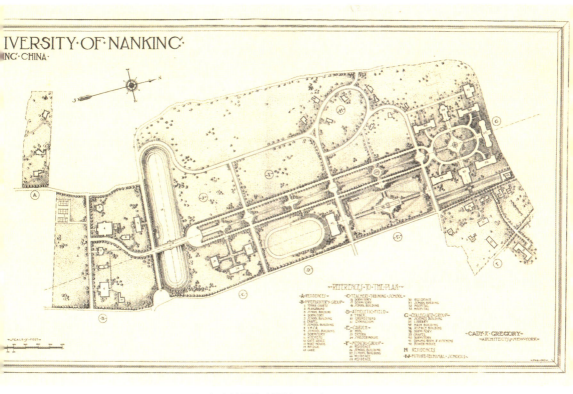

金大校园规划图(1913)

　　A住宅;B预科部:1.网球场,2.运动场,3.校舍,4.集体宿舍,5.校舍,6.小礼堂,7.校舍,8.YMCA,9.校舍,10.集体宿舍,11.食堂,12.传达室,13.船房,14.桥,15.湖;C师范专修科:16.集体宿舍,17.集体宿舍,18.校舍,D运动场:19.跑道,20.看台,21.体育馆;E花园:22.池塘,23.半圆式露天建筑,24.风雨亭;F医科:25.住宅,26.校舍,27.校舍,28.住宅,29.住宅,30.住宅,31.校舍,32.医院,33.医院;G大学部:34.科学馆,35.图书馆,36.科学馆,37.主楼,38.集体宿舍,39.礼拜堂,40.集体宿舍,41.厨房、餐厅,42.院长室;H住宅区;I、J进修学校。

　　金陵大学在早期规划中,有如此大的基地范围,大学部却集中在北端一块用地之内,也没有采用寄宿学院式的分区方式,此处反映出美国大学概念和英国大学概念之区别。英国大学概念中,各学院有相对独立的区域范围,在此范围之内由各学院自行管理,所谓学院属于规划概念。美国的大学概念中,各学院是指楼房,楼房之外的所有用地都是公共领域,所谓学院属于建筑概念。

　　金陵大学大学部就是典型实例:大学部由文学院、理学院、农学院组成,每个学院为一幢楼房,呈三合院式布局,建于20世纪20年代前后,现称之为东大楼、北大楼、西大楼,三院嵯峨,蔚为壮观。校歌唱颂为:"北楼嵯峨,艺术之宫,文理与林农。思如潮,气如虹,永为南国雄。"

东大楼
　　理学院(又名科学馆),1912年竣工,"系三层楼的西屋,建筑费用合墨银三万余元"。("墨银":墨西哥银元,又名鹰洋。)

金陵大学的东大楼、北大楼和西大楼建筑群,分别为理学院、文学院和农学院

西大楼
农学院(又名裴义理楼),1925年竣工,系四层教学实验楼,
由美国洛克菲勒基金会、对华赈款委员会及部分美国友人捐赠

北大楼

文学院，1919年竣工，高度与鼓楼齐，宏伟而古雅，是当时南京最高建筑之一

图书馆

图书馆，1936年兴建，系三层楼建筑，由国民政
府捐赠，我国著名建筑设计师杨廷宝设计

第五章　江东之雄(1910—1952)

小礼拜堂

小礼拜堂,始建于二十世纪初叶,由著名建筑师齐兆昌、美国
弗洛斯与汉密尔顿建筑师事务所共同设计,堂前同时建一钟亭

大礼拜堂

教堂,1921年竣工,系单层大空间建筑,平面用西式教堂的
巴西利卡型制,1951年后改建成礼堂

校门与西大楼

金陵大学迁鼓楼后的校门

金陵大学建筑特点

金陵大学建筑的主要设计者是美国建筑师司斐罗(A. G. Small),他于1914年应校长包文之邀来到中国,在金陵大学工作十余年,大约在主持西大楼设计之后离去。

金陵大学的建筑大多为体量不大的二、三层建筑,更多中国北方官式建筑的外部特征,庄重舒展、统一和谐。三合院式的空间布局是教会大学规划中常用的手法,其主要目的是利用半封闭的空间提供一个可供交谊的露天场所,以增进学生之间和师生之间的感情联系,保持教会大学的持久影响力。因此,教会大学的校园建设普遍追求园林化,重视校址的选择和校园早期规划。

陈裕光校长曾回忆:"金大的全部工程由美国芝加哥一家公司设计承包,建筑材料除琉璃瓦和基本土木外,都从国外进口。新校舍从1910年开始设计、动工,至1915年秋,长达五年部分落成。建成后的金陵大学校舍,中西合璧,美轮美奂,十分宏伟……与鼓楼巍然并峙,为当时南京最大之建筑。"此文中提到的建筑公司,为美国芝加哥帕金斯建筑事务所(Peking & Fellows' Architecture),司斐罗当属这家事务所。

第六节 文学院

文、理、农三院自1930年组建后,即一直保持各自特色,并取得了引人注目的成就。金大文科开办最早,文学院设有本科、专科及高级研修班,后又增设特别研究部。至1930年共设中国文学、外国文学、史学、政治学、经济学、社会学、哲学、教育学8个系和1个专科。文学院建院时学生达206人,全院主要教授有:刘继萱、刘崇本、刘乃敬、吴世瑞、胡小石、贝德士(M. S. Bates,美籍)、陈恭禄、王绳祖、吴景超、章文新(J. P. Jones,美籍)、芳卫廉(W. P. Fenn,美籍)、柯象峰、马博厂、徐益棠等。

金大文科在考古研究、社会调查和边疆考察、文史与古籍整理等学科领域取得了显著成绩。

一、院长和任课教师

刘国钧（1899—1980），字衡如，著名图书馆学家、我国近代图书馆事业奠基人之一。1920年毕业于金陵大学哲学系，后留校图书馆工作。1922年赴美国威斯康星大学留学，加修了图书馆学课程。1925年获哲学博士学位，同年回国。1930年任金陵大学图书馆馆长、文学院院长及教授。1925年后担任过中华图书馆协会执行委员、副执行部长、执行委员会主席等。

赛珍珠（1892—1973），美国女作家，1932年获得美国普利策小说奖，1938年获得诺贝尔文学奖。她是唯一一个同时获得普利策奖和诺贝尔奖的女作家。20世纪二三十年代曾执教于金陵大学、国立东南大学等校，并在《金陵大学校刊》等国内外报纸杂志上发表了多篇文章。赛珍珠在金陵大学工作、生活十余年，正是在这里她开始了职业作家的写作生涯，写出了后来享誉世界的《大地》及一系列有关中国的作品。

语言学校教职员

刘国钧，金大文学院首任院长

赛珍珠（Pearl S. Buck）

二、国学研究班

1934年,鉴于社会上建设中国本位文化的声浪高涨,华东基督教会希望金陵大学能致力于中国文史方面高级人才的培养。文学院遂成立国学研究班,招收国内各大学文史哲专业毕业、有志于从事国学研究者入学,学制二年,聘请胡小石、胡翔冬、黄侃、吴梅等为指导教师。课程设置涉及经学、史学、音韵学、文字学、训诂学、诗学及词学等,与本科教学不同,更注重专、精、深,注重培养学生的研究能力。

金大国学研究班教学最具特色的是,胡小石开设了"中国书学史"课程,这是在大学开设书法史的首创,也是当时最高形式的书法教育。该课程改变了以往书法教育只注重实用书写技能训练,忽视书法作为一门学科具有自身完整理论体系的状况。胡小石这一创举为中国书法教育及研究走向理论化、体系化奠定了基础。

该研究班举办两期,毕业生有30人。毕业生中不少人卓有成就,如古典词学家沈祖棻、博物馆学家曾昭燏,该班由此在学术界赢得良好声誉,开创了中国东南部各大学培养研究生的先河。

国学大师黄侃

金陵大学国学研究班首届毕业生沈祖棻

金陵大学国学研究班首届毕业生曾昭燏

黄侃(1886—1935) 字季刚,号量守居士,近代著名语言文字学家,湖北蕲春人。生于成都,五岁随父返回故里。少承家学,十六岁应试入官学(当时称秀才),之后清廷废科举兴学堂,即考入湖北文普通学堂,为第一期学生,与宋教仁、董必武为同学。

黄侃二十岁时官费留学日本,入早稻田大学,后因参加革命,放弃留学,拜章太炎门下,成为章门弟子。与老师结为章黄学派,在小学与经学上独树一帜,特别在小学方面,文字、声韵、训诂之学更为系统化。

1914年,黄侃29岁,应北京大学之聘,讲授中国文学史和其他词章方面的课程,写出《文心雕龙札记》《诗品疏》《咏怀诗补注》等讲义。1919年返回家乡,在武昌高等师范学校任教,主讲小学方面的课程,编写《说文略说》《声韵略说》《尔雅略说》。1927年应北京师范大学之聘到北京,同年秋,去沈阳东北大学任教半年。1928年春,应南京国立中央大学之聘,任教中文系,同时兼任金陵大学课程,讲授小学、文学和经学诸课外,还撰写《礼学略说》《唐七言诗式》等稿。于1935年10月8日猝然离世,终年49岁。著有《隽秋华实诗第一集》一卷、《北征集》一卷、《云悲海思庐诗抄》六卷、《云悲海思庐外集》一卷、《丁丁集》一卷、《石桥集》一卷、《游庐山诗》一卷、《寄情闲室诗抄》一卷、《量守庐诗抄》一卷等。

三、中国文化研究所

1930年,美国霍尔氏捐助金大60万美金,指定其中30万元专用于研究中国文化,故设中国文化研究所。该研究所为金大最早建立的科研机构,其宗旨为:

1.研究并阐明本国文化之意义;

2.培养研究本国文化之专门人才;

3.协助本校文学院发展关于本国文化之学程;

4.供给本校师生研究文化之便利。

为此,研究所制定了科研与教学并重的办所方针,主要体现在研究人员既要致力于学术研究,又必须兼授文学院课程,承担培养人才的职责。

抗战前设在小陶园的中国文化研究所

中国文化研究所创设之初,即成立执行委员会规划所务,徐养秋为主任委员,并设图书委员会,以研究员李小缘、贝德士、刘国钧等为委员,办理图书选购等具体事宜。为保持研究工作的延续性与稳定性,研究所一直由徐养秋担任所长,直到1939年因徐就他职,才改由李小缘任所长,直至1951年。

中国文化研究所的研究员并不限于本校教师,校外绩学之士经延聘参与工作者,有商承祚、徐益棠、黄云眉、陈登原、王伊同、刘铭恕、刘继萱、吕叔湘、吴白匋、史岩等,分别从事历史学、考古学、哲学、民族学、目录学、语法学的研究。该所20年间陆续出版学术著作17种27册,其中如《殷契佚存》《十二家吉金图录》《五朝门第》《邵二云先生年谱》《范氏天一阁藏书考》《福氏所藏甲骨文字》等均有较高学术价值。此外,该所还是金大最早招收研究生的单位之一,入学考试课目除中西通史、中文、英文外,还有第二外语。

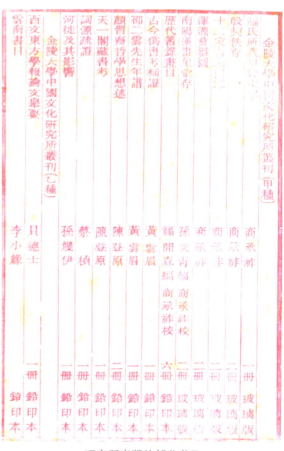

研究所出版的部分书目

著名语言学家、教育家,文化研究所研究员　吕叔湘

中国文化研究所所长　李小缘

　　李小缘(1897—1959)　江苏南京人,图书馆学家、目录学家。6岁入私塾,后读金陵中学,1915年考取金陵大学文科,1920年获金陵大学文学士学位,毕业后在美籍教师、图书馆学专家克乃文指导下,留校图书馆工作。1921年先后赴纽约州立图书馆学校和哥伦比亚大学师范学院学习。

　　1925年回国,任金陵大学教授。1927年创办金大图书馆学系,任系主任,翌年任图书馆馆长,提出《中国图书馆计划书》,后来被作为提案提出成立中央图书馆,即今"南京图书馆"的前身。1939年起任中国文化研究所所长,直至1951年。1948年再次出任金陵大学图书馆馆长。1952年院系调整后任南京大学图书馆副馆长。1959年逝世于南京。

《金陵学报》

　　《金陵学报》创自1931年5月,至1941年10月共出11卷,其中后4卷在成都出版,而在上海印刷。是金陵大学中国文化研究所承办的一份全校性学术刊物。除文史哲方面外,也包括农科和理科内容。《金陵学报》为半年刊,主编为李小缘,该所研究人员成为学报的主要撰稿人。除金大本校的作者外,还有许多校外作者,如闻一多、谢国桢、吴其昌、黄文弼、陈梦家、向达、唐圭璋等。《金陵学报》对促进金陵大学特别是中国文化研究所的学术研究起了重要作用。

《中国文化研究汇刊》

　　抗战爆发后,金大中国文化研究所西迁成都,由于经费与印刷问题,《金陵学报》举步维艰。此时,哈佛燕京学社提议,由同在成都的金陵、华西协合、齐鲁三所大学的中国文化研究所联合创办刊物,即《中国文化研究汇刊》。此刊物由每校出3人组成出版委员会,除三所大学校长外,金大有李小缘、商承祚,华西有闻宥、吕叔湘(后调至金大),齐鲁有顾颉刚、钱穆。

　　《中国文化研究汇刊》主要面向三家研究所,并由三校轮流担任主编。自1941年至1951年共出版10卷。主要包括考证论文、调查报告、重要史料和书报评论四个门类,除继续保留三校原有考古、历史、语言等研究方向外,同时极为关注中国西部问题,西部研究特别是西南民族问题研究成果卓著。金大文化研究所和研究人员在该刊物上发表了46篇学术论文,涵盖了古文字学、考据学、考古学、历史学、语言学、社会学、民族学、人类文化学、人口学等多个学科。

　　《中国文化研究汇刊》发表了许多富有开拓性和较高学术价值的优秀论文,成为当时国内中国文化研究领域内独树一帜、水准极高的学术刊物。

中国文化研究所人员及出版物

金陵大学中国文化研究所人员一览表

姓名	最高学历与任职情况	文研所任职情况	发文篇数
徐则陵(养秋)	伊利洛亚大学硕士,外交部委员会委员	该所委员会主任	
王钟麟(古鲁)	东京高等师范文科毕业生,河南新华日报编辑	专任研究员	4
吕凤子	两江师范毕业生,中央大学副教授	专任研究员	2
吴景超	芝加哥大学社会学系博士,清华大学教授	兼任研究员	2
李小缘	哥伦比亚大学图书馆学硕士	专任研究员	
汪采白	两江师范毕业生,中央大学教授	兼任研究员	
黄云眉	世界书局编辑	兼任研究员	6
贝德士(美)A.S.Bates	牛津大学硕士,金陵大学历史系主任、教授	兼任研究员	
杭立武	伦敦大学政治学硕士,中央大学政治系教授	兼任研究员	
陈登原	东南大学文科毕业生	专任研究员	9
雷海宗	芝加哥大学哲学博士,中央大学副教授	兼任研究员	1
刘国钧	威斯康辛大学哲学博士,金陵大学文学院教授	兼任研究员	6
刘继宣	东京帝国大学研究院毕业生,中央大学教授	兼任研究员	
商承祚	师从罗振玉,金陵大学教授	专任研究员	10
徐益棠	巴黎大学博士,金陵大学教授	专任研究员	18
吴白匋	金陵大学文学士,金陵大学讲师	兼任研究员	
史岩	上海大学美术系毕业生	专任研究员	6
刘铭恕	早稻田大学文学部毕业生	专任研究员	22
吕叔湘(树湘)	东南大学毕业生,留学牛津大学、伦敦大学	专任研究员	6
王伊同	燕京大学历史系硕士	不详	2
奚祝焘	金陵大学国文专修科毕业生	助理员	2
叶季英	中央大学艺术专修科	绘画助理员	1
黄玉瑜	不详	助理员	1
于登	之江大学文学士	助理员	1
胡道忠	南京钟英中学毕业生	助理员	

中国文化研究所研究课题及承担者一览表

学科类别	研究课题名称	承担者姓名
历史学	商周文化	商承祚
	周季迄秦代文化	陈登原

学科类别	研究课题名称	承担者姓名
历史学	中国统一政治之形成	贝德士
	两汉文化	徐养秋
	中国外来民族之文化	徐益棠
	宋辽金交涉史	吴白匋
	蒙古史研究	刘继宣
	西南民族史	徐益棠
	本国历史地理	徐益棠
	本国史学家之史学方法	徐养秋
	本国史学参考书目	李小缘
	本国史研究	陈恭禄
考古学	甲骨文字及金文研究	商承祚
	中国考古学史	徐益棠
	商辞	商承祚、徐养秋
	考古学名词辞典(青铜部分)	李小缘、徐益棠
哲学	六朝思想史	刘国钧
	颜习斋哲学思想	陈登原
目录学	六朝著述目录	刘国钧
	欧美东方学杂志论文索引	李小缘
	丛书子目索引	李小缘
	四川书目	李小缘
	画书书目提要	叶季英
	本所藏书目录	于登
	碑目便检	黄玉瑜
东方学	欧美学者研究中国学术概观	贝德士
	日本学者研究中国学术概观	王钟麟
	日本史学家关于中国史学之研究	王钟麟
国画研究	画微	吕凤子
	新安画派	汪采白

《金陵大学中国文化研究所丛刊(甲种)》目录

作者	完成出版时间	成果名称
陈登原	1932年	《天一阁藏书考》
蔡桢	1932年	《词源疏证》

作者	完成出版时间	成果名称
黄云眉	1932年	《古今伪书考补证》
黄云眉	1933年	《邵二云先生年谱》
商承祚	1933年	《福氏所藏甲骨文字考释》
商承祚	1933年	《殷契辑存考释》
陈登原	1934年	《颜习斋哲学思想述》
孙几伊	1935年	《河徙及其影响》
商承祚	1936年	《十二家吉金图录》
商承祚	1936年	《浑源彝器图》
福开森编,商承祚校	1936年	《历代著录画目》
孙文青编,商承祚校	1937年	《南阳汉画像汇存》
商承祚	1939年	《长沙古物闻见记》

《金陵大学中国文化研究所丛刊(乙种)》目录

作者	完成出版时间	成果名称
贝德士	1933年	《西文东方学报论文举要》
李小缘	1937年	《云南书目》(未印完)
王伊同	1943年	《五朝门第》
徐益棠	1944年	《雷波小凉山之瑶民》
史岩	1947年	《古画评三种考订》

第七节 理学院

1910年金大成立时,仅设有文科,数理化等科目附属其内,后陆续增设农、林等各科。1921年改文科为文理科。1930年春,金陵大学将文理科分开,成立文学院和理学院,与由农林科改设的农学院鼎足而三。

理学院建于1930年,先有数学、物理学、化学、动物学4系,后增设电机工程科、工业化学科、电化教育专修科和汽车工程专修科。因此,金大理学院实际是一所理工学院。

金大理科的科学研究引人注目,1943年,国民政府颁布指令,嘉奖金大理学院,称"该院管理极有效率,教学科研工作取得显著成绩"。

金大更是中国创办电化教育专业最早、时间最长、效果最好、影响最大的综合性大学,在中国电化教育(影音教育)领域创造了多个第一,走出了富有中国特色的影音教育之路。1952年,全国大专院校进行全面调整,金大影音专修科、影音部全体教职员及在读学生,与苏南社会教育学院等单位一起调到北京,共同组建北京电影学院。

一、院长魏学仁

魏学仁（1899—1987），江苏南京人，是我国早期教育电影事业和电化教育的开拓者、教育实践家与理论家。1914年入金陵中学，1918年入金陵大学。1922年毕业留校任助教、讲师。1925年得美国洛氏基金会资助赴美留学，入芝加哥大学研究院，专攻物理学。1928年获博士学位，成为美国Sigma Xi会会员。回国后，在金陵大学任教，曾任金陵大学教务长、物理系教授、中央大学兼任教授。1930年起任金陵大学理学院院长，直至1946年。其间，他积极筹建科学教育电影委员会，致力于将电化教育推广到社会，服务更多的群众；他亲自拍摄出了世界上第一部日全食的彩色电影；他提出了印刷出版、无线电和电影是传播现代文化三大工具的前瞻性教育思想，对当今教育技术的发展仍有重要的借鉴意义。

理学院院长魏学仁

二、实验室

物理实验室

微生物实验室

第五章 江东之雄(1910—1952)

电学实验室

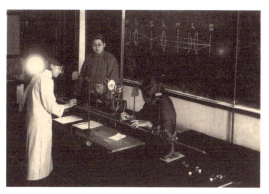

光学实验室

金陵大学工业化学社在理学院前合影

化学实验室

1936年,金陵大学理学院建成中国
高校最早的电影教室

三、中国电化教育的诞生地

金陵大学是中国电化教育的诞生地,是中国第一代电教人的摇篮,曾开全国先河,很早就向民众提供科普教育电影的放映,以提高国民素质。金大影音部曾拍摄了多部反映中国普通民众生活的电影,以独特的电影语言表达电教人的爱国情怀。

第五章 江东之雄（1910—1952）

1922年，率先引进电影等媒体辅助
农业推广，图为民众观看教育电影的场景

1932年7月8日，在金陵大学倡导下，
以蔡元培为首的中国教育电影协会成立

1935年7月，合拍影片《农人之春》获布鲁塞尔国际影展比赛第三名

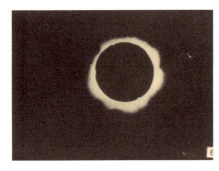

1936 年,理学院院长魏学仁在日本北海道拍摄了世界上第一部日全食 16mm 彩色影片。这部名为《民国二十五年之日全食》的纪录影片,于 1945 在法国巴黎参加科学影片展公映。这是我国天文资料中一份极为重要的文献,也是世界天文史料中的珍品

1936 年,金大建立我国高校首个专业电教服务部门——教育电影部(后改为影音部)

自 1936 年起,先后为国民政府教育部代办了四期电化教育人员训练班。图为上课现场

电化教育专修科主任孙明经为学生上电影课

四、开创中国特色的影音教育之路

从 1936 年创建中国高校第一个电影-播音部门开始,金陵大学在大教育观的广阔视野中,把影音技术作为"科学救国"、"教育救国"的重要手段,创造出一批传世佳作,培养出中国第一代影音教育优秀人才。

金大在高校中把电化教育服务和电化教育专业建设相结合,在社会上将电化教育的普及与提高紧密相连,开创出符合中国国情、具有中国特色的电化教育之路。

1938 年,金大理学院开办"电化教育专修科",1947 年改名为"电影播音专修科",先后培养了 14 届毕业生。

第五章 江东之雄(1910—1952)

所开设课程类目

1942年，教育电影部创办《电影与播音》月刊（后改为《影音》），该刊是我国大学最早有关电影和电教的综合性刊物

孙明经，中国高校电影学科的奠基人

1948年春，金大公布的影音课程（课程名称后有+号者，表示有实习，数字为学分数）

影音教育	3
摄影初步	2
教学影片	1
静片摄制+	3
影音音乐	3
美术+	2
放映技术	3
摄影化学	3
影音稿本	2
播音技术+	2
动片摄制+	3
实用无线电+	4
录音概要+	2
影音讨论会	2

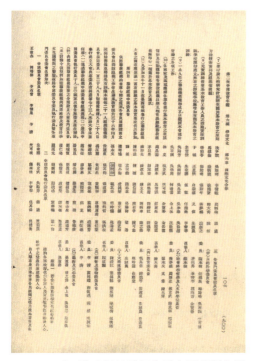

1946年，孙明经被聘任为联合国教科文组织首届中国委员会委员

孙明经陪同联合国教科文组织胡彼德先生来中国调查影音事业技术需要

孙明经指导学生拍摄教育电影

孙明经拍摄电影部分目录

序　号	片　名	摄制年代	担任职务	类　型
1	调味品	1935	制片	科教片
2	大学之声	1936	编、导、摄、制	纪录片
3	校园生活	1936	编、导、摄、制	纪录片
4	云冈石佛	1935	编、导、摄、制	纪录片
5	徐州风光	1937	编、导、摄、制	纪录片
6	西湖风光	1935	制片	纪录片
7	青海省会西宁	1946	编、导、摄、制	纪录片
8	南京名胜	1936	编、导、摄、制	纪录片
9	崂山	1935	编、导、摄、制	纪录片
10	黄山风景	1948	编、导、摄、制	纪录片
11	从成都到兰州	1946	编、导、摄、制	纪录片
12	苏州名胜	1934	助手	纪录片
13	小狗和各种动物	不详	制片	科教片
14	动物肥料	不详	制片	科教片
15	防空	1937	编、导、摄、制	科教片
16	交通工具的进展	1948	编、导、摄、制	科教片
17	印刷	1936	编、导、摄、制	科教片
18	自贡盐井	1938	编、导、摄、制	科教片
19	酱油	1934	制片	科教片

序　号	片　名	摄制年代	担任职务	类　型
20	儿童玩具	1936	编、导、摄、制	科教片
21	陶瓷	1935	制片	科教片
22	防毒	1936	制片	科教片
23	搪瓷	1936	制片	科教片
24	民国二十五年之日食	1936	制片	纪录片
25	娱乐片第七号	不详	制片	纪录片
26	象牙器	不详	编、导、摄、制	科教片
27	乡村建设	1937	编、导、摄、制	科教片
28	湘绣与纸伞——湖南的名产	1933	助手	纪录片
29	我的良友	不详	制片	纪录片
30	童子军	1936	制片	纪录片
31	事业电影第一辑——长寿水力发电	1942	编、导、摄、制	纪录片
32	南京	1948	编、导、摄、制	纪录片
33	喇嘛生活（8）	1939	编、导、摄、制	纪录片
34	康人生活（7）	1939	编、导、摄、制	科教片
35	健康运动	不详	编、导、摄、制	科教片
36	淮盐（苏北）	1937	编、导、摄、制	科教片
37	紫砂器	1936	制片	科教片
38	竹器	1935	制片	科教片
39	中国柑桔	1936	制片	科教片
40	鹰	1942	编、导、摄、制	科教片
41	养牛	1948	编、导、摄、制	科教片
42	鸭鹅羽绒	1936	编、导、摄、制	科教片
43	信鸽	1936	制片	科教片
44	书法奇观	1946	编、导、摄、制	纪录片
45	绳索的使用	1937	制片	科教片
46	漆器（福建）	1935	制片	科教片
47	氯气	1936	制片	科教片
48	开采煤矿	1937	编、导、摄、制	科教片
49	景德瓷	1936	编、导、摄、制	科教片
50	井盐工业	1938	编、导、摄、制	科教片
51	花边出产——烟台	1936	编、导、摄、制	纪录片
52	灌县水利	1942	编、导、摄、制	科教片
53	各种毒气解救法	1936	制片	科教片
54	肥皂	1943	制片	科教片
55	电机制造	1943	编、导、摄	科教片
56	灯泡制造	1942	编、导、摄、制	科教片
57	电光与电热	不详	制片	科教片
58	水泥	1942	制片	科教片
59	给小朋友们	不详	编、导、摄、制	科教片
60	牛肉	不详	制片	科教片
61	地毯	不详	制片	科教片

以电影教育民众,上图为给小学生放电影,中图为1936年拍摄的《防毒》,下图为1937年拍摄的《防空》,教育民众战时生存技能

《防 毒》1936年

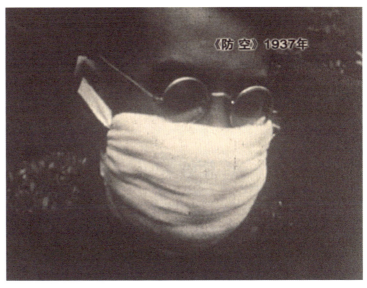

《防 空》1937年

1937年,孙明经率队走进西康,用镜头记录西康风俗物产、交通建设,历经五载,拍摄了8部反映西康的纪录电影。

《西康一瞥》

《西康跳神》

《喇嘛生活》

《康人生活》

21世纪后,随着《世纪长镜头》《1937,战云边上的猎影》《1939,走进西康》等反应金大第一代电教人成就的作品出版,金大对中国影音教育的贡献开始为世人所知

孙明经(1911—1992) 山东省掖县人。1927年,孙明经考入金陵大学化工系,学满学分后再入电机系,学满学分后又入物理系,于1934年历时七年,学满三系学分毕业于金陵大学物理学系,获理学士学位。1935年起,任金陵大学理学院讲师,教育电影部副主任,电化教育专修科主任。1940年,赴美国考察和研究教育电影及其制作,1941年,返校继续工作,带回了他在美国用自己全部家资购买的电影、播音、照相器材(这批器材后来成为中央电影学校和北京电影学院创办初期的主要教具)。归国后孙明经开始担任金大"电影与播音部"主任,在教育部政务次长顾毓琇推动下,教育部和金陵大学理学院联合创办《电影与播音》月刊,孙明经任主编。这是我国最早的电影、广播、电视、摄影的综合性学术月刊(该刊至1948年10月停刊,共历时七年)。1946年,任联合国科教文组织中国委员会委员(大众传播组)。

1952年院系调整,孙明经受命率金大影音部部分师生和全部器材北上与另四个单位合并成立中央电影学校(北京电影学院前身)。1952年后,任北京电影学院教授,长期从事电影教学科研工作,是中国高校电影学科的奠基人之一。

孙明经著有《电影与电视》《磁带电影的发展》等,并为《中国大百科全书·电影卷》撰写有关条目,编著有《孙明经手记》《抗战前夕万里猎影记》,译有《使用录像磁带》等。

第八节　农学院

1914年，金陵大学由裴义理创办农科，采用半工半读制度，造就实用人才。翌年增设林科，以培养林业专门人才。1916年，两科合并为农林科，开中国四年制大学农、林教育之先河。金大农林科的创办宗旨是，解决当时的实际困难。因此规定两条原则：

第一，注重实际教学，学以致用，用有所本；

第二，提倡从大处着眼，小处着手。

1930年，农林科改组为农学院，设有农业经济、农艺、植物、园艺、森林、蚕桑、乡村教育等系及农业专修科和农业推广部，成为中国历史最悠久的四年制大学农业教育机构。金大在教学方面，特重实际应用，以美国纽约州康奈尔大学农学院为样板，推行"教学、研究、推广"三合一的办学方式。先后培育出多种粮食和经济作物优良品种，并且培养了大批农学方面的人才。1985年出版的《中国现代农学家传》一书中所列54位农学家中，有18位是金大农学院的毕业生。

金大农学院靠近鼓楼的一个农场

农科学生实地实习

"美国丝业公会捐建蚕业院一所"纪念碑

　　此碑为美国丝业公会会员集资为金陵大学捐建蚕业院一所时所立纪念石碑,为中国的蚕业改良实验之所。石碑共两块,各以中文及英文书写。石碑发掘于原南京大学木工厂附近,现藏于南京大学校史博物馆。

"美国丝业公会捐建蚕业院一所"纪念碑(中文)

"美国丝业公会捐建蚕业院一所"纪念碑(英文)

第五章 江东之雄(1910—1952)

一、农学院历任院长

裴义理(Joseph Bailie,1860—1935),加拿大人,出生在英国的爱尔兰,是一名美国美北长老会(American Presbyterian Mission,North)传教士。

1890年,裴义理受美北长老会派遣来到中国,在苏州传教。1899年,任京师大学堂教习。1910年,裴义理应金陵大学之聘,担任算学教授。1912年,发起成立中国义农会。1914年,创办金陵大学农科,并任首任科长,金大的农科是中国高等农业教育的开始。他在南京紫金山开始大规模垦荒造林,奠定了该山良好植被的基础。1915年,又在中国倡导成立植树节。他不仅是金陵大学农学院的创办者,而且被誉为中国近现代农林事业的重要组织家及中国农业教育开创者。1935年逝世。

1921年,金陵大学开办了中国大学中的第一个农业经济系,卜凯(赛珍珠第一任丈夫)为农经系首任主任。卜凯的主要著作《中国农家经济》和《中国土地利用》,是20世纪初期对中国土地基础结构的第一个也是唯一的一个准确记录,同时也是中国农学史上划时代的著作。

裴义理(J. Bailie)

农学院院长谢家声,康奈尔大学农学硕士,1930年起任改组后的农学院院长,直至1938年

农经系首任主任卜凯(John L. Buck)

二、义农会

1911年，裴义理承办我国北方以工代赈工作，常在农村和灾民相处，看到我国农民生活实在贫困，认为要改善人民的生活，必须先从改良农林事业着手。于是他联合江苏、安徽士绅，在南京附近发起组织了义农会，搞以工代赈，集资救济灾民，并得到孙中山、黄兴、张謇、唐绍仪、伍廷芳、熊希龄、宋教仁、蔡元培、施肇基等人的赞助。

请准政府拨给紫金山官荒4000亩，为垦荒造林之用。专门招集贫农垦荒地、筑路、烧窑、辟苗圃，营造垦民住宅，以工代赈，并创设灾民子弟学校。

《成立中国义农会呼吁书》1912年

亲笔签名（其中22人盖了私章，以示郑重）的有："孙文、黄兴、陈贻范、张謇、黎元洪、袁世凯、蔡元培、吴景濂、刘冠雄、王宠惠、冯元鼎、唐元湛、柏文蔚、韩国钧、应德闳、唐绍仪、程德全、温宗尧、伍廷芳、熊希龄、宋教仁、陈振先、赵秉均、施肇基、段祺瑞、徐绍桢、吴介璋、景贤、郁屏翰、朱瑞"

义农会南京分会成立

三、农业实验

30年代金陵大学沈宗瀚教授和中央大学金善宝教授等共同培育成"金大2902"和"中大2419"小麦优良品种。

小麦实验田

水果品种改良实验

金大农具组制造的脱粒机

成都华西坝,金大农学院庆祝建院三十周年

"植树节"之由来

　　民国初年的一个清明节,裴义理在乘火车从南京去上海的途中,看见许多村民都在自家坟地上种植树木,从而了解到这是中国的一个古老习俗。然而,这个古老习俗却引起了裴义理极大的兴趣。回到南京以后,他提笔给袁世凯政府农商总长写了一封信,建议政府让老百姓在清明节前后大批地种植树苗,这样,不但可以防治水土流失,还可以增加百姓收入。裴义理的提议引起了北洋政府的重视。北洋政府很快复函裴义理,并规定清明节是植树节。1916年清明节,中国第一个植树节便诞生了。

　　后来,南京国民政府成立后重新确认了植树节,并将时间由清明节改成3月12日。1979年2月,我国第五届全国人大常委会第六次会议决定,将每年的3月12日定为植树节。

第九节　西迁入川至东还复校(1937—1949)

　　1937年,七七事变爆发。同年11月金大举校西迁,在成都华西坝借用同为教会大学的华西协合大学校舍继续办学,理学院分部设在重庆求精中学,金大附中设在万县。当时条件艰苦,经费不足,但金大上下同仇敌忾,克服困难,学校事业不断发展。当时金大增设了一批新的系科,也取得了许多科研成果。抗战胜利一年后东还复校,于1946年9月在南京原址开学。1948年,金大设有文、理、农三院,22个系、4个专修科、7个研究所,在校生达到1100人。

一、在川办学

华西协合大学教育学院大楼，金大的校长办公室、教务处、训导处、事务处均设于此

抗战时期迁址成都的金陵大学图书馆（合用）

金大在华西坝举行修路开工典礼,该路被命名为金陵路,至今尚存

今日的金陵路,摄于成都华西坝(2013年9月15日)

第五章　江东之雄(1910—1952)

金大学生在华西坝露天用餐

金大在华西坝时使用的"连桌椅"

二、学科设置

金陵大学院、系设置表(在蓉时期)

```
                        金 陵 大 学
        ┌───────────┬───────────┬───────────┐
      文学院        理学院       农学院    中国文化研究所
```

文学院	理学院	农学院
中国文学系	数学系	农艺学系
外国语文系	化学系	森林学系
历史学系	化学工程学系	农业经济学系
哲学心理系	物理学系	园艺学系
政治系	生物系	蚕桑系
经济学系	电机工程系	植物病虫害学系
社会学系	理科研究所化学部	农业专修科
国文专修科	电化教育专修科	农科研究所
文科研究所史学部	汽车工程专修科	农经学部
图书馆专修科		农艺学部
		园艺学部

三、东还复校

抗战胜利后,金陵大学东还复校。图为金大学生在东还途中

1946年,抗战胜利后返回南京

东还后,运回的物资堆放于金陵大学原址大门前

1946年9月,东还后的金陵大学在南京原址开学。图为1946年开学时同学在教务处注册

西迁过程

抗战之初,金陵大学迁校的准备并不充分。因为美国在中国有治外法权,金大的一些西方人士认为,即使日本打到南京,金大仍有美国大使馆的保护。所以1937年10月4日,金大仍按时在南京开学。

但随着局势急转直下,金大不得不于11月18日停课西迁。金大经与另一教会大学——成都华西协合大学商洽,决定前往四川。

1937年11月25日,金大第一批师生从南京下关出发,踏上漫漫的西迁之路。在金大校长陈裕光的回忆中,可见到些许细节:

"……金大行政只好发动群众,依靠师生员工的力量,四处借车辆、船只,运送行李、家具及人员。最后分三批从下关出发,经汉口抵成都,前后历时三个月,备尝艰辛……"

"金大校本部迁成都华西坝,理学院迁重庆,次年三月在四川开学。当时内迁成都的,除金大外,还有金陵女子文理学院、齐鲁大学,最后还有燕京大学,加上原来的华西大学,一共有五所教会大学集中一地,显得十分热闹融洽。"

金大安全区

1937年日军向南京进攻前夕,为了尽量减少战争给平民造成的伤害,依据在上海南市设立难民区收容难民的先例,由时任金陵大学董事会董事长的杭立武提议,邀集在南京各教会学校服务的美国人和少数英德商人大约20人,成立一个国际救济机构,定名为"南京安全区国际委员会",委员会公推拉贝为主席。国际委员会划定的南京安全区以美国驻华大使馆所在地和金陵大学、金陵女子文理学院、金陵神学院、金陵中学、南京鼓楼医院等教会机构为中心,占地约3.86平方公里,并建立25个难民收容所,它在日军对南京城长达数月的屠杀中保护了约25万中国难民的生命。

约翰·拉贝(1882—1950),出生于德国汉堡。他1908年来到中国,自1911年起先后担任德国西门子公司驻北京、天津、南京办事处代表。拉贝刚来南京时在下关居住,直到1932年夏天,拉贝同金陵大学农学院院长谢家声签订了一份协议。根据这份协议,同时按照拉贝的要求,学校建一座集办公和居住于一体的房屋出租给拉贝,也就是现在的拉贝故居(小粉桥1号),它是南京大屠杀期间25个难民收容所之一,被称为"西门子难民收容所",难民最多时这里收留了630多人,由于拉贝的得力保护,他院子里的难民没有一个伤亡。拉贝亲眼目睹了中国军民的死亡之旅,将其所见所闻以战时日记的形式详实地记述了侵华日军在南京犯下的一桩桩令人发指的暴行。

拉贝日记共计2100多页,记载了南京大屠杀的500多个案例,它是对侵华日军制造这一惨绝人寰的大屠杀的血泪控诉,是对日本军国主义者犯下的严重罪行的有力证词。

为了缅怀拉贝先生,同时为了表彰他在南京大屠杀期间的人道主义行为,拉贝故居于2005年起着手修缮,2006年10月31日建成南京大学与国际安全区纪念馆及拉贝国际和平与冲突化解研究交流中心。

1938年3月设立在金陵大学的安全区

Small group of the staff and patients of the Refugee Hospital in Nanking, organized by the Rev. Mr. Magee (center). Summer 1938

金陵大学鼓楼医院为难民医院

第五章　江东之雄(1910—1952)

南京安全区国际委员会主要成员(中为约翰·拉贝)

威尔逊医生为难民注射预防伤寒疫苗的情形

第十节　合并与改制(1949—1952)

　　1949年4月,人民解放军占领南京。在陈裕光的主持下,经过多次召开全体教职员会议和校务委员会讨论,金大做出"绝不迁移台湾"的决定。1950年6月,朝鲜战争爆发,这场战争给在华外国教会学校的命运带来了历史性的转变,中美关系急剧恶化,金大美籍教师在1950年前后相继离开中国。

　　1951年,金大与美国教会断绝关系,并与金陵女子文理学院合并,接受政府提供的经费,由政府接管。

　　在教育部统一部署下,我国参照苏联高校设置的模式,在1952年对全国高校进行了有计划、大规模的院系调整。在大调整中,金陵大学的文、理学院并入南京大学,南京大学校址也由四牌楼迁入金大原址。

金大师生发表宣言,拥护政务院颁布的《关于处理接受美国津贴的文化教育、救济机关及宗教团体的方针的决定》

1951年,金陵大学与金陵女子文理学院合并

　　李方训(1902—1962)　江苏仪征人,曾就读于江苏省立扬州第八中学。1921年考入金陵大学,攻读化学专业,1925年毕业后留校任教。1928年赴美国西北大学深造,1930年获博士学位后,他婉言谢绝了导师的挽留,毅然回国执教于金陵大学,不久担任理学院院长,时年28岁。抗战爆发后,李方训随金陵大学内迁成都,在艰苦的条件下,继续进行科学研究,连续发表了十几篇科研论文。1948年,美国西北大学特邀他赴美讲学,为了表彰他在电解质溶液理论方面的卓越贡献,同年授予他荣誉科学博士学位,并赠予金钥匙。

李方训,金陵大学校务委员会主任委员

1950—1951年，李方训先后担任金大代理校务、校长，并于金大与金陵女子文理学院合并后，被任命为金大校务委员会主任委员。1952年金陵大学和南京大学合并后，李方训出任南京大学副校长。1949年，李方训参加中国民主同盟，1955年起任民盟中央委员，并于同年当选中国科学院学部委员。1962年8月2日在南京逝世，时年60岁。

李方训颁发给燕恩光公立金陵大学毕业证书（1952）

李方训是我国著名的物理化学家和教育家，长期从事电解质溶液性质及理论的研究，对格林亚试剂的反应机理，离子在水溶液中的物理化学性质，如离子熵、离子的极化和半径以及混合电解质溶液中离子活度系数等，做出了重要贡献。他先后在金陵大学、南京大学任教30余年，为我国培育了大批优秀人才。

吴贻芳（1893—1985） 中国教育家、社会活动家，基督徒。祖籍江苏泰兴，出生于湖北武昌。1916年考入金陵女子大学，她是金陵女大首届毕业生。1919年毕业后任教于北京女子高等师范学校。1921年出国留学，1928年获美国密歇根大学生物学博士学位。毕业后回国，任金陵女子大学（1930年更名金陵女子文理学院）校长，成为中国高等教育史上的第一位大学女校长。

1951年金女大和金大合并，吴贻芳任金陵大学校务委员会副主任委员。1979年获密歇根大学为世界杰出女性专设的"智慧女神"奖。她还是世界上第一位在《联合国宪章》上签字的女性。1985年11月10日，吴贻芳在南京去世。南京师范大学校园内建立了"贻芳园"，内设"吴贻芳纪念馆"，陈列、展出她的生平业绩。

金陵女子文理学院院长 吴贻芳（后为金陵大学校务委员会副主任委员）

1945年6月26日，吴贻芳在联合国制宪大会上，代表中国在联合国宪章上签字

金陵女子文理学院

金陵女子文理学院,原名金陵女子大学,创办于1913年,与金大属美国教会同一教派,即由美国浸礼会、监理会、美以美会、长老会、基督会等教会联合创办。始设于南京绣花巷,1916年起,在南京宁海路建筑新校舍,首任校长为德本康夫人(Mrs. Ian-rence Thurston)。1919年,获得美国纽约州立大学对金陵女子大学学位的认可。1928年学校改组,由吴贻芳任校长,并于1930年向国民政府办理立案手续。因金陵女子大学仅设文、理两院,按《国民政府大学组织法》,改称金陵女子文理学院。办学中设置过16个四年级学科,包括中文、英语、历史、社会、音乐、体育、化学、生物、家政以及医学专科等,在国内外享有盛誉。从1919年到1951年,毕业人数为999人,人称999朵玫瑰。

美国纽约州立大学颁发的金陵女子大学学士学位证书(1927)

第三编 再铸辉煌(1949—2009)

1949年,南京解放,中央大学更名为南京大学;1952年,南京大学与金陵大学的文、理学院合并,校址从四牌楼旧址迁至原金陵大学校址。从此南京大学翻开新的篇章。南京大学在曲折中前进、在拨乱反正中振兴、在改革开放中崛起。20世纪90年代,南京大学成为国家首批"211工程"和"985工程"高校,毫不犹豫地抓住了难得的历史机遇。进入21世纪,南京大学明确了"两步走"发展战略,到本世纪中叶要把南京大学建设成为世界一流大学。为了实现这一宏伟目标,南大人秉承"诚朴雄伟、励学敦行"的校训精神,凝心聚力,团结奋进,开拓创新,共同铸就南京大学新的世纪辉煌。

第六章　承前启后（1949—1952）

概　述

　　1949年，国立中央大学更名为国立南京大学；1950年，径称南京大学（简称"南大"）；1952年南京大学与金陵大学的文、理学院合并，完成了从接管、更名到院系调整。在新的历史时期，中央大学、金陵大学的优良传统和学风校风在南京大学得以继续发扬光大，激励着一代又一代的南大人锐意进取，成为国家的栋梁之材。

第一节　接管与更名

　　1949年4月23日南京解放，5月7日，南京市军管会主任刘伯承、副主任宋任穷委派市军管会文教接管委员会大专部部长赵卓任国立中央大学军代表，并负责学校的接管事宜。8月8日，南京市军管会文教委员会决定"原国立中央大学应即改名为国立南京大学"。8月12日，南京市军管会文教委员会组织成立国立南京大学校务委员会，梁希为主席。9月7日，经国立南京大学校务委员会常务委员会第11次会议决议："本校英文名称定为 National University of Nanking，简名定为 NUN"。1950年10月10日，根据华东军政委员会教育部通知，校名去掉"国立"两字而径称南京大学。

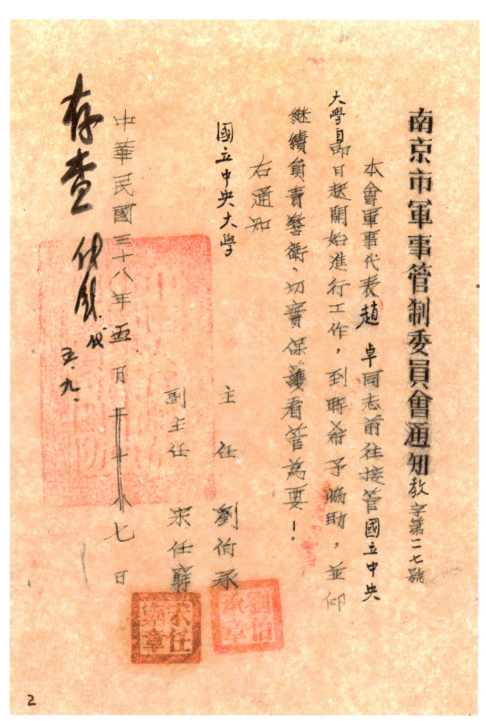

南京市軍事管制委員會通知 教字第二七號

本會軍事代表趙 卓同志前往接管國立中央
大學即日起開始進行工作，到聯希予協助，並仰
繼續負責警衛、切實保護看管為要！

右通知

國立中央大學

主任 劉伯承

副主任 宋任窮

中華民國三十八年西月二十七日

存查 伊俱代 玉九

1949年5月7日，南京市军管会主任刘伯承、副主任宋任穷
委派赵卓任国立中央大学军代表，并负责接管事宜的公文

第六章 承前启后(1949—1952)

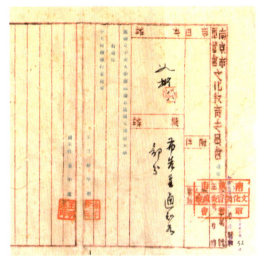

关于国立中央大学更名为国立南京大学的文件

定名为南京大学的文件

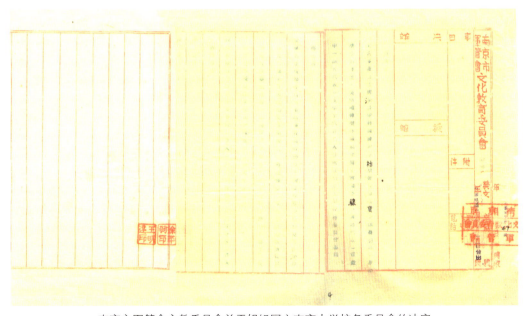

南京市军管会文教委员会关于组织国立南京大学校务委员会的决定

国立南京大学校务
委员会首任主席梁希

国立南京大学校务委员
会主席、南京大学校长潘菽

国立中央大学关防

国立南京大学校印

南京大学印

国立南京大学校门（国立
中央大学原址）

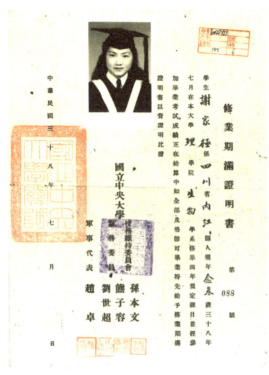

谢家极国立中央大学时期的修业证明书

谢家极国立南京大学时期的毕业证明书

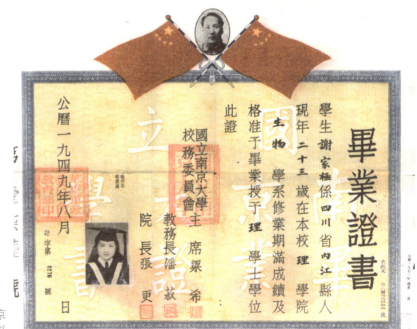

谢家极国立南京
大学时期的毕业证书

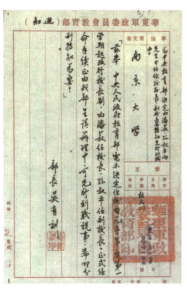

1949年,国立南京大学首届青年团团委委员合影

1951年7月,南京大学改校务委员会制为校长制,潘菽任校长。期间,学校根据"维持原有学校,逐步进行改善"的工作方针,通过一系列积极稳妥的改革,确立了社会主义办学方向,明确了教学与科研相结合的方针和民主集中制的领导体制,为日后的发展奠定了基础

1949年6月9日,国立中央大学物理系师生员工欢送毕业同学留影

学科设置:

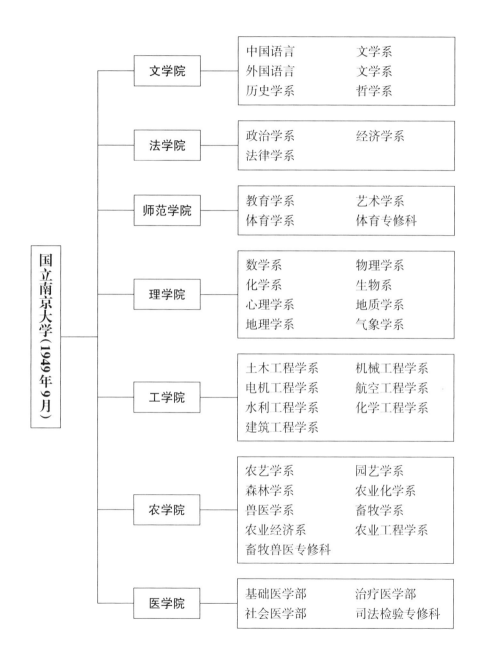

参军参干、投身民主改革

在建国初期，南京大学在新中国的建设中也做了许多实际工作：

1950年10月至1951年1月，南京大学先后两批共264位师生参加军事干校，奔赴抗美援朝前线；

1950年至1952年，全校565人参加土地改革；

1949年至1952年，学校开展了对旧教育制度的初步改革。

同学们踊跃报名参军

1951年国立南京大学物理系欢送参干同学合影

朝鲜人民民主共和国颁发给南京大学校友的军功章

西南服务团

　　1949年夏，渡江战役胜利后不久，中国人民解放军第二野战军受命解放大西南。党中央在进行军事部署的同时，为支援战争，有序地接管和开辟新区，指示从华东解放区筹调一万六千干部以及大中学生、青年职工随军进军大西南，二野前委决定在南京组建"中国人民解放军西南服务团"。

　　早在6月23日，中央大学就率先成立"西南服务队"，号召"有志青年参加青年服务团"。6月27日，金陵大学召开参加西南服务团学生座谈会，决定成立"金大西南服务队"。

西南服务团胸徽、帽微

　　至1949年7月，中央大学372人、金陵大学68人被批准参加西南服务团。两校合计440人，占南京学生参团总数（1069人）的五分之二，成为该团重要的战斗力量。

中央大学经济系39级欢送参加西南服务团留影

　　1949年10月1日，西南服务团一万六千余人整装出发，挺进西南边疆。

　　"走向大西南"被誉为"小长征"。途中充满艰难险阻，但战士们斗志昂扬，精神饱满，跨越千山万水，于1950年2月胜利到达云南昆明。在建设云南、献身边疆的漫长岁月里，每一位西南服务团的战士都做出了卓越的贡献。

金陵大学全体参加西南服务团的人员，在北大楼前合影留念

第二节　1952年院系调整中的合与分

1952年前后，全国高等学校进行了大规模的院系调整。根据《华东区高等学校院系调整设置方案》，1952年7月26日，南京大学、金陵大学两校校务委员会举行联席会议，通过了《南京、金陵两大学合并、调整工作进行办法》，以南京大学文、理学院和金陵大学文、理学院为主体，组成一所以文理学科为主的综合性大学，校名仍为南京大学。校址从四牌楼搬迁至原金陵大学校址，校园占地面积635亩，校舍面积约3万平方米。原校址留给南京工学院。

院系调整以后的南京大学，以人文科学和自然科学为主，设有13个系和4个专修科。

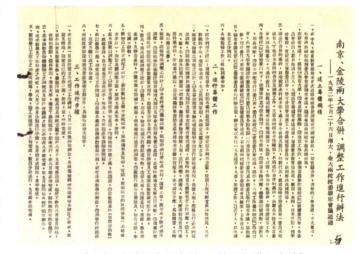

《南京、金陵两大学合并、调整工作进行办法》

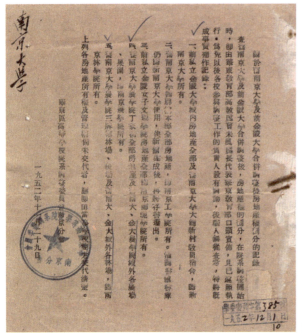

关于南京大学及前金陵大学合并，调整后房地产权划分的记录

1952年院系调整表

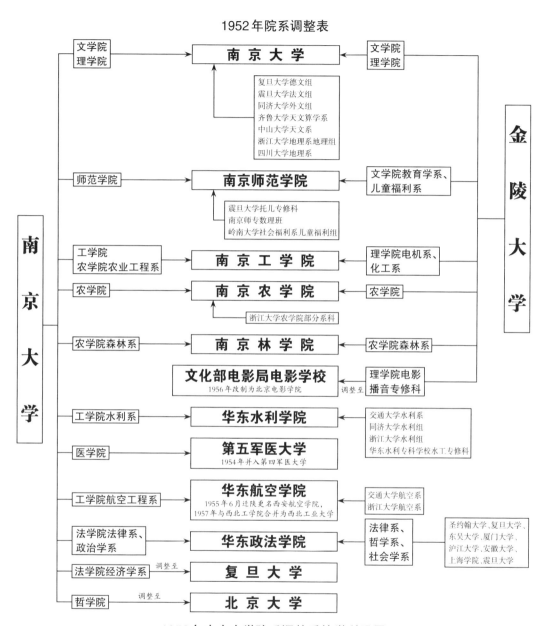

1952年南京大学院系调整后的学科设置

院系	中国语言文学系	俄罗斯语言文学系	西方语言文学系	历史学系
	数学系	物理学系	化学系	天文学系
	心理学系	地质学系	生物学系	地理学系
	气象学系			
专修科	工程地质和水文地质	金属非金属矿产地质	矿物分析	气象

梁希（1883—1958）浙江湖州人。1906年，被选派出国，入日本士官学校海军科学习，因不满校方对中国学生的歧视，转入东京帝国大学林科，欲走科学救国之路。后自费赴德国进修林业化学。1927年回国，先后在北京农业专门学校、浙江大学农学院任教。1932年受聘为中央大学森林系教授，曾任系主任、研究部主任、农学院院长等。参与创建九三学社。1949年8月，出任南京大学校务委员会主席。11月，出任中华人民共和国第一任林垦部部长。曾任全国政协常委、九三学社中央副主席、全国科协副主席。1955年，当选中国科学院学部委员（院士）。

1948年底南京政权土崩瓦解，中央大学校长周鸿经也离宁而去，校务无人主持。梁希等教师发起农学院座谈会，公开提出护校、反对搬迁的主张。教授会1月31日举行全体大会，决议组织校务维持委员会，选举胡小石、梁希、郑集为常务委员，主持校务工作。梁希等联名呈代总统李宗仁，保释因政治原因被捕的学生。4月1日，南京一万多名学生举行游行请愿，要求和平，反对内战。结果，国民政府出动军队镇压，造成"四一"惨案。梁希闻讯立即前往医院慰问学生，恳切叮嘱学生千万注意安全，不要在黎明前再受损失。中央大学的护校活动一直坚持到4月23日南京解放。梁希做出了重要贡献。

潘菽（1897—1988）又名潘有年，字水菽，江苏宜兴人。1920年毕业于北京大学哲学系，次年赴美留学。1926年在芝加哥大学获得博士学位。1927年回国任教，历任中央大学心理系副教授、教授兼系主任。1949年以后，历任南京大学教务长、校务委员会主席、校长等职。1956年任中国科学院心理研究所首任所长，是九三学社的创始人之一，曾任九三学社中央副主席、中国心理学会理事长。1955年当选为中科院学部委员（院士）。

九三学社是我国民主党派重要的一支，成立于1945年9月3日。它的产生与发展，与南京大学的前身——中央大学有着密不可分的渊源。中央大学西迁入蜀后，潘菽先是加入了由郭沫若、钱俊瑞等人发起的中国学术研究会，后来又同梁希、金善宝、涂长望等人发起组织了以中央大学教授为主的自然科学座谈会。在重庆时期，潘菽是中国科学工作者协会和九三学社的发起人。1945年9月3日，大家在开会时谈到座谈会的名称，潘菽等人建议就用9月3日这个重大的世界反法西斯胜利日命名座谈会，称为"九三座谈会"。第二年，为了参加民主斗争运动必须把"九三座谈会"建成一个正式的民主政治团体，于1946年5月4日举行成立大会，宣告九三学社的成立。中央大学的潘菽、梁希分别担任九三学社常务理事和常务监事。

1952年南京大学调整方案

　　1952年前后,参照前苏联高校设置的模式,全国高等学校进行了大规模的院系调整。根据《华东区高等学校院系调整设置方案》,1952年3月24日,在以南京市市长柯庆施名义呈报的《关于南京大学、金陵大学合并、调整方案的请示》中提出:"(1)南京大学文、理、法三院各系与金陵大学文、理两院合并,成立正规的综合大学,仍名南京大学";"(2)以南大工学院为基础,合并金大理学院电机、化工两系,成立南京工学院";"(3)南大、金大农学院合并成立南京农学院";"(4)南大师范学院各系与金大文、理两院相同或有关各系及与高级师范专修班合并,成立南京师范学院";"(5)新南京大学保留原南大、金大必要职员,成立行政机构,其余为南大者拨归工学院,为金大者拨归农学院及师范学院";"(6)关于图书、文物,有关工程、农林、教育、美术、音乐、体育及其他复本,拨归专门学院,其余均归综合大学"。其中还提到,南京工学院"宜设南大四牌楼不动";"南京大学把校址让给工学院","迁到金陵女子文理学院旧址"。

　　1952年7月26日,南京大学、金陵大学两校校务委员会举行联席会议,通过了《南京、金陵两大学合并、调整工作进行办法》,以南京大学文、理学院和金陵大学文、理学院为主体,组成一所以文理学科为主的综合性大学,校名仍为南京大学,校园迁至原金陵大学校址。

第三节　建设新校园

　　院系调整后,南京大学迁至坐落在鼓楼以西的金陵大学旧址,原有土地635.74亩,各种房舍3万平方米,空间狭小,且公私房地交错,甚为凌乱。搬迁后,学校首先进行了基建平面设计。当时综合考虑了南大周围的实际情况以及未来发展的需要和可能,以天津路以西、上海路以东、渊声巷以南、广州路以北为南京大学发展范围,共有土地1400亩。学校规模暂以学生6000人计,考虑日后发展,则以8000～10000名学生的规模进行总体平面设计。但是,这份南大的第一个基建蓝图未能成为现实。尽管如此,在南大的第一个五年计划期间,学校的基本建设仍然取得了一定的成绩。1952年秋至1953年,学校曾先后购进房屋47幢、土地64.3亩,使校本部与小粉桥一线联成一片,便利了南园学生宿舍的建设。1952年至1953年,先后建成了南园学生宿舍5幢、教职工宿舍3幢、食堂1幢。1954年7月,东南大楼竣工。1956年,又先后建成天文台和气象观测站等教学科研设施。从1952年到1955年,3年间全校建筑面积从3.80万平方米增加到10.05万平方米。到1956年,新校园的建设初步完成。

1955年建成的学生第八宿舍

1956年建成的天文台

1956年建成的东南大楼

第四节　校园风光

院系调整后的南京大学校门（原金陵大学校门）

北大楼

礼堂

校园一景

图书馆

第七章　曲折前进（1952—1978）

概　述

院系调整后,潘菽继续担任南京大学校长,原金陵大学校务委员会主任李方训出任副校长。1953年,学校改由中央高教部直接领导。同年,中共南京大学委员会成立。

1956年,党委书记、第一副校长孙叔平提出建设"具有中国特点的社会主义高等教育"的观点,指出我们的教育应有"自己的学制"、"自己的专业划分"、"自己的教学计划"、"自己的教学大纲"、"自己的教材"和"自己的学风"。

1959年,郭影秋校长针对政治运动的干扰,提出"教学是压倒一切的中心任务"、"教学为主、科研突出",要求全校师生"收心鼓劲"、"坐下来、钻进去、认真读书"。

1963年,匡亚明校长团结全校师生,全面贯彻《高校工作条例》,始终不忘学校的中心任务是教学与科研,使南京大学教学、科研工作能在曲折中不断发展,把南京大学的各项事业推上了一个新的台阶。1966—1976年,学校经历了"文革"十年浩劫。1977年起,南京大学在拨乱反正中恢复振兴。

中共江苏省委高等学校委员会同意成立南京大学党委的文件

中共南京大学第一届代表大会召开

1953年,孙叔平出任南京大学党委书记

1957年8月,云南省省长郭影秋调任南京大学校长兼党委书记

1963年5月,匡亚明出任南京大学党委书记兼校长

1957年秋,南大领导班子合影,右起郭影秋、孙叔平、陈毅人、高济宇、李方训、杨士杰、范存忠

第一节 "具有中国特点"的社会主义高等教育办学思路

　　1953年4月30日,中共江苏省委高校委员会同意成立南京大学党委,孙叔平任书记,陈毅人任副书记。

　　1954年6月,校务委员会决议,学校历史自1902年算起,并将五二○运动纪念日作为南大的校庆日。

　　1952年院系调整后,学校开展了一系列以学习苏联经验为中心的教学改革,既有成绩,也有教训。同时,学校重视发挥高级知识分子的作用,确定了一批一级、二级教授,狠抓教学质量,培养出一批德智体全面发展的学生。

1956—1957学年该是完成教学改革的未了工作并展开创造性的建设工作的一个学年(草稿)

一级教授名单

校　部	潘　菽	李方训	
中文系	胡小石	方光焘	陈中凡
外文系	范存忠		
数学系	曾远荣		
化学系	高济宇	戴安邦	
地质系	徐克勤		
生物系	陈　义	郑　集	耿以礼

潘菽　　　　　　李方训

胡小石　　　　　方光焘　　　　　陈中凡　　　　　范存忠

曾远荣

高济宇

戴安邦

徐克勤

陈义

郑集

耿以礼

孙叔平(1905—1983) 原名孙叔陶,安徽萧县人。武昌大学外语系肄业。1940年后,历任新四军抗日军政大学第四分校训练部长、教育长,华中建设大学教育长,中国人民解放军特科学校副校长、校长。1949年后,历任南京市军管会高教处副处长、南京市教育局长兼文教委员会主任、南京大学军代表、党委书记兼副校长。1958年,奉调创办《江海学刊》,筹建江苏省哲学社会科学研究所。1978年,回南京大学任哲学系教授兼系主任,从事中国哲学史的教学与研究。

1956年,孙叔平已经涉及了探索"具有中国特点"的社会主义高等教育建设道路这样一个严肃的、重大的命题。他对这一命题的内涵和特征做出了进一步的阐述。孙叔平当年的思考和探索,已经远远超出了对院系调整以后南京大学四年教改实践总结的范畴,是对中国高等教育的发展道路、指导思想及其基本原理的全面而深刻的思考。

2009年2月14日,中共中央政治局委员、国务委员刘延东来南京大学考察时,对南京大学能够在50多年前就前瞻性地提出"具有中国特点"的社会主义高等教育的办学思路,给予了高度评价。

第二节　向科学进军

1955年，学校首次制定科研工作计划，列入计划的科研项目达196个，参加科研的教师113人，占教师总数的34%。

历史系师生在北阴阳营新石器遗址考古挖掘

1959年3月，地理系王富葆与生物系干新光赴青藏考察，在喜马拉雅山合影

1963年，学校党代会通过办好《南京大学学报》的决议

1963年成立第一届学术委员会

南京大学自然科学学术委员会

主任委员：高济宇

委　　员：么枕生　王希成　叶南薰　孙光远　任美锷　李学清　李景晟　施士元
　　　　　郑　集　陈　旭　陈纳逊　耿以礼　徐克勤　徐尔灏　高　鸿　高济宇
　　　　　黄士松　曾远荣　杨怀仁　鲍家善　戴文赛　戴安邦　魏荣爵

南京大学人文科学学术委员会

主任委员：范存忠

委　　员：方光焘　王绳祖　戈　平　何　如　范存忠　商承祖　陈中凡　陈瘦竹
　　　　　陈　嘉　陆　丰　郭斌龢　蒋孟引　韩儒林

南京大学主持或牵头的《1956—1967年国家重要科学技术研究计划》课题

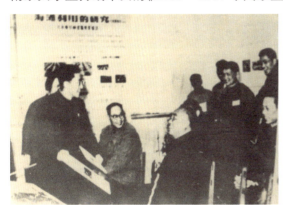

1.全国各大流域气候资料的分析研究；

2.高温蠕变机制的研究；

3.钛及钛合金形变过程研究；

4.掌握并改进钛合金的热处理方法；

5.带熔法理论研究；

6.钨及钼的多酸研究。

1965年，朱德同志参观我校在高教部科研成果展会上的展品，并给予了鼓励和赞扬

1965年，邓小平同志参观我校在高教部科研成果展会上的展品，并给予了鼓励和赞扬

"五朵金花"

"五朵金花"是南京大学这一时期科研工作的代表成果,在1965年北京高校科研成果展览会上展出,令人瞩目。

华南花岗岩研究

金属缺陷研究

分子筛研究

内蒙古草原综合考察

大米草引种和利用

第三节 跻身全国重点高校行列

1953年3月,中央决定设置全国重点高等学校。1960年10月22日,中共中央下发《关于增加全国重点高校的决定》,决定在原来20所(16+4)重点大学的基础上,再增加武汉大学、吉林大学等44所普通高校为全国重点高校,由此,全国重点高校增至64所。

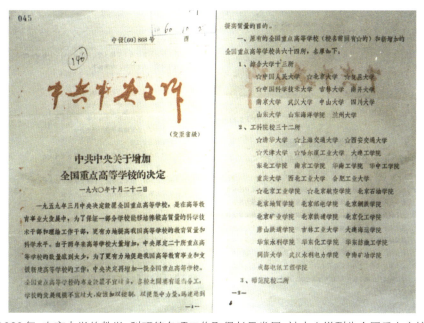

1960年,南京大学的教学、科研等各项工作取得长足发展,被中央增列为全国重点高校

第四节 改善办学条件

学校在改善办学条件上也做了极大努力。到1960年,全校实验室达到137个,此外建成了东大楼/声学楼、上海路宿舍、学生食堂(两幢)、学生宿舍(两幢)、南大新校门,以及收发室、传达室、银行、邮局等附属用房,学校建筑面积增加到12.9万平方米。此后的几年内,学校又陆续建成了教学大楼、低温楼、配电房、15舍、16舍,修建了围墙、马路、游泳池、浴室。1965年8月,为了缓解教学用房的紧张状况,学校党委决定将校部机关迁往三排平房,将原办公用房作为外文系教学用房。这些举措,在调整的基础上把学校的教学科研工作进一步引入了有计划地提高和发展的轨道,全校呈现了蒸蒸日上之势。

南京大学汉口路校门（1962）

西南楼

校部机关平房

1965年建成的教学大楼

1965年建成的低温楼

1964年6月，匡亚明等校领导与毕业生合影

第五节　六十周年校庆

　　1962年5月，南京大学隆重举行六十周年校庆，这是院系调整以后，南京大学首次举行校庆活动。学校为执教、工作满20年的老教师和老职工颁授奖状，郭影秋校长挥毫泼墨，在奖状上题诗一首：廿年培养费艰难，桃李盈门露未乾。浩荡东风凭借力，好花栽与后人看。

郭影秋校长在校庆六十周年大会上讲话

1962年校庆六十周年大会现场

1962年5月，南京大学六十周年校庆时，全校各项体育运动队全体运动员合影

校庆筹备委员会名单

1962年竺可桢为南京大学
六十周年校庆题词

六十周年校庆之际,师生合影

第六节　拨乱反正

正当学校各项事业蒸蒸日上之际,"无产阶级文化大革命"在1966年发生,南京大学成为教育战线和江苏省的重灾区之一。大批师生员工遭受迫害,教学工作中止6年。在极其艰难的情况下,许多教师仍坚持基础研究,出了一批研究成果。在作为北京四五运动先导的南京事件中,南京大学师生更是表现出了大无畏的英雄气概。

1975年底,中共贵州省委第一书记周林被任命为南京大学党委书记兼革委会主任。他支持师生抵制"四人帮"的行动,竭力保护因反对"四人帮"而受压的干部和师生

1976年清明节,南京大学师生冲破重重阻力,在雨花台举行悼念周总理、声讨"四人帮"的集会

1976年3月21日,南京大学文科学生向张春桥、姚文元操纵的《文汇报》发出质问信,谴责"四人帮"反对周总理的阴谋

1976年3月29日,南京大学师生在学校画廊贴出标语和小字报,愤怒声讨"四人帮"的阴谋和罪行,时称南京事件

329事件

1976年,是光明与黑暗大决战的一年。年初,"四人帮"掀起的所谓"批邓"及"反击右倾翻案风"的运动正值高潮,阴霾笼罩着大地。1月8日,周恩来总理逝世。噩耗传来,全校师生陷入无限悲痛之中。"四人帮"下令不准戴黑纱白花,不准送花圈。但是,师生们冲破禁令,都戴上

1976年1月13日,南大师生悼念周恩来大会会场

了黑纱白花,并纷纷到梅园新村中共代表团纪念馆吊唁。1月13日,师生们自发地在大操场举行了隆重的悼念仪式。

3月25日,南京大学历史系三年级70余人,臂佩黑纱,抬着自己制作的花圈,冲破"四人帮"的禁令,到被停止对外开放的梅园新村进行悼念周总理的活动。3月28日,全校400多名师生在数学系青年教师、系团总支书记李西宁,计算机专业一年级党支部书记秦峰等同志的带领下,抬着周恩来的巨幅画像和大花圈,绕道新街口、大行宫前往梅园新村,沿途交通警察大开绿灯,车辆让开道路。许多人自发地加入悼念队伍,无数群众肃立街道两旁表示支持。这是南京人民反对"四人帮"的第一次示威活动。

3月29日起,南大校园燃起了反对"四人帮"的熊熊烈火。数学系的师生在南园刷出了"警惕个人野心家、阴谋家篡夺党和国家的最高领导权"、"无数革命先烈和革命老前辈用鲜血打下来的红色江山我们也要用鲜血来捍卫"等大标语。学生们的行为得到了工人和市民的赞扬和支持,形成了声势浩大的群众运动,产生了广泛影响,成为北京四五运动的先导。当时称为南京事件。

南京事件后几天,便发生了四五运动,即天安门事件。作为北京四五运动的先导,南京事件首先敲响了"四人帮"的丧钟。南京大学革命师生在南京事件中所表现出来的英雄气概以及为埋葬"四人帮"所做出的贡献,也在南京大学史册上留下了光辉的篇章。

郭影秋(1909—1985)　江苏铜山县人。1928年肄业于无锡国学专修科,1932年毕业于江苏教育学院。1935年起从事中共地下工作,后投笔从戎,曾任冀鲁豫军区政治部主任、解放军十八军政治部主任等职。新中国成立后历任川南行署主任、云南省长兼省委书记。1957—1963年任南京大学校长兼党委书记。1963年调任中国人民大学党委书记兼副校长。

1957年,时任云南省省长的郭影秋,主动请缨到教育部门工作,被任命为南京大学校长。周总理曾对云南籍的辛亥革命老人李根源说:"贵省省长郭影秋不愿当省长,自告奋勇到大学去。"这诙谐的话,反映了总理对郭影秋主动到大学工作的赞许。郭影秋曾谑言:"我最大的志愿是当好教书匠,办好一所学校。"

郭影秋于1957年调任南京大学校长。在他任校长的六年中,他始终坚持办学的社会主义方向,遵循教育规律,坚持以教学为主,确保教学质量;突出科学研究,推进学科的建设,以德为先,培养学生德智体全面发展;依靠教师办学,加强教师队伍的建设。六年中,他呕心沥血,励精图治,把自己的学识、才能和精力都倾注到办好南大的工作之中。在他和党委的领导下,学校规模扩大,教学和科研工作取得令人瞩目的成就,使南大跻身于全国著名重点大学的行列。

1957年11月,"反右"刚结束,郭校长便在家中设宴祝贺中文系三位德高望重的老教师——胡小石、陈中凡、汪辟疆的七十寿辰。他亲自斟酒、敬酒,表彰他们数十年辛勤执教、潜心治学所做出的重要贡献,此举一度被南大师生传为佳话。

1960年,郭影秋提出"教学为主,科研突出"的口号,建立了首批科研机构,增设了一批实验室,不断改善科学实验的条件,使南大的科研工作取得了重大进展,成果累累。六十年代中期被誉为南大科研的"五朵金花"就是在这一时期打下基础并形成特色的。

作为南大校长,郭影秋不仅号召教师钻研业务,著书立说,而且身体力行。难能可贵的是,郭影秋爱好南明史的研究,不辞辛劳,"挑灯夜战",正是在工作繁重忙碌的1959年,完成了他的史学研究专著《李定国纪年》。

50年代末60年代初,正值三年自然灾害时期,副食品供应紧张,高校师生的生活和工作学习也面临诸多困难。郭影秋在迎接1962年元旦的讲话中,号召南大人发扬坑道的"欂木"精神,他说:"欂木的伟大在于它贡献出自己的一切,顶着万钧的压力,使无数的矿工得以自由,使广大人民获得丰富的矿产……如果每个共产党员都是像欂木一样,把自己所应当顶住的困难顶起来,每一个支部,每一个党组织都把困难顶起来,那么中央的困难就减轻了。"在那困难的岁月,郭影秋以他特有的胸怀、情操和人格魅力感染着南大师生,共同与困难斗争。

匡亚明（1906—1996）江苏丹阳人，曾先后就读于苏州第一师范学校和上海大学，1926年加入中国共产党。1927年以江苏省团省委特派员名义参与领导宜兴秋收起义。后任江苏省委徐海蚌特委宣传部长、上海总工会秘书长兼宣传部长。先后四次被捕，受尽酷刑而坚贞不屈。1937年被营救出狱后历任中共中央社会部政治研究室副主任，华东局宣传部副部长兼《大众日报》社长、总编辑等职。新中国成立后，历任华东政治研究院党委书记兼院长、中共中央华东局宣传部常务副部长等职。1955—1963年任东北人民大学（后更名为吉林大学）党委书记兼校长。1963年起任南京大学党委书记兼校长。"文革"中备受迫害，1978年复出，担任南京大学党委书记兼校长。1982年起为南大名誉校长，1991年被任命为国家古籍整理出版规划小组组长。晚年主持编写《中国思想家评传丛书》，著有《孔子评传》《求索集》《匡亚明教育文选》等。

1955年9月3日，匡老在吉林大学1955—1956学年典礼上发表讲话，提出社会主义大学要培养和形成"四种空气"，即强烈的政治空气、浓厚的学术空气、严肃的文明空气、活泼的文娱体育空气。1963年，他把关于"四种空气"的校风建设引进南京大学。1978年，他复出担任南京大学校长时再次倡导要加强以"四种空气"为基本内容和主要特征的校风建设。能够把"浓厚的学术空气"当作一种学风和校风提出来，既体现匡老作为教育家的远见卓识，又体现出他具有战略家的勇气和魄力。

匡亚明还是新中国倡导通识教育的第一人。早在1965年，他就在南京大学政治系进行试点，开展以打通"文史哲"、创办"大文科"为主要内容的通识教育。1980年在全国高校中率先开办了"大学语文"课程。

匡亚明推动了真理标准大讨论。南大党委把真理标准问题的讨论与当时正在开展的揭、批、查运动密切结合起来，并举行了数百名代表参加的真理问题大型讨论会。1978年第四期《南京大学学报》发表了匡老以《坚持实践第一的观点整顿思想作风》为标题的文章，分清了是非，解放了人们的思想。

匡亚明还推动了中国重点大学的建设。1983年5月，匡亚明给邓小平同志写信，提出加快建设全国50所重点大学的建议，引起邓小平同志的高度重视。可以说，"835建言"是"211工程"和"985工程"的先声。

匡亚明还极大地推动了南京大学对外学术交流。早在1978—1979年间，匡亚明就提出要创办一个"中美文化研究中心"。1986年，南京大学—约翰斯·霍普金斯大学中美文化研究中心成立，旨在培养主要从事中美事务的高层次人才，为发展国际高校间的学术交流创造了一种新的模式，这是匡老关于中外交流和联合办学理念付诸实践的成功范例。

1986年，耄耋之年的匡亚明主动请缨，提出创办"中国思想家研究中心"，并编撰

《中国思想家评传丛书》,对从孔夫子到孙中山共200多位中国思想家进行系统评述、总结,以继承中国传统思想文化中的珍贵遗产,并率先亲自撰著《孔子评传》。1996年夏,江泽民为《丛书》题词:"总结与继承民族优秀传统文化 繁荣和发展社会主义精神文明"。2006年丛书出版,被海内外誉为"20世纪中国最伟大的传统思想文化研究工程",对总结和继承我国优秀传统思想文化做出了重大的贡献。

第八章 蓄势待发(1978—1991)

概 述

南京大学借助国家改革开放的大趋势,大胆探索综合性、国际化办学的新思路,逐步形成了"对接国际前沿领域、培养一流人才"的办学理念。

1978年5月11日,《光明日报》发表了题为《实践是检验真理的唯一标准》的特约评论员文章,揭开了真理标准大讨论的帷幕。这篇文章最初用稿的作者是南京大学哲学系讲师胡福明。

1979年,老校长匡亚明率领中国大学校长代表团访美,并与霍普金斯大学校长史蒂文·穆勒举行了历史性会晤,开启了南大国际交流合作的新阶段。

《光明日报》1978年5月11日第一版
《实践是检验真理的唯一标准》

第一节　恢复全国重点高校

1978年2月,国务院转发《关于恢复和办好全国重点院校的报告》,确定第一批全国重点高校88所,占当时全国高校总数——405所的22%。1979年底又公布了第二批重点高校名单,总数增加到97所。南京大学是首批确定的重点高校之一。按当时规定,部属重点高校实行双重领导,以教育部为主,目的在于发挥中央和地方两个积极性,使教学科研工作的恢复和发展早见成效。

1978年2月,国务院转发《关于恢复和办好全国重点院校的报告》,确定第一批全国重点高校88所,南京大学是首批确定的重点高校之一

1978年5月,南京大学党委书记、校长匡亚明复职。
图为匡亚明(右一)到职后在校庆76周年大会上讲话

第二节 "东风第一枝"

1978年5月11日,《光明日报》刊登的题为《实践是检验真理的唯一标准》特约评论员文章,其主要作者是南京大学哲学系教师胡福明。《实践是检验真理的唯一标准》揭开了全国性的关于真理标准大讨论的帷幕,被誉为"东风第一枝",最先绽放于南京大学校园。这是南京大学哲学、社会科学研究的重大理论贡献,也是全体南大人的骄傲。

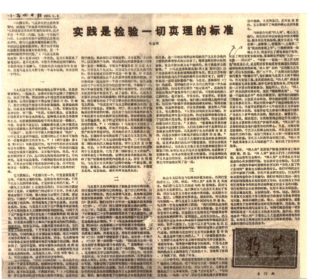

《实践是检验真理的唯一标准》的
主要作者、南京大学哲学系教师胡福明

《实践是检验一切真理的标准》最初拟发表在
《光明日报》哲学版的样稿

1978年,哲学系、经济系的部分老师召开《实践是检验真理的唯一标准》研讨会

1998年,南京大学举办全国高校纪念
真理标准讨论20周年学术研讨会

2008年,真理标准讨论与改革
开放30周年论坛在南京大学召开

《实践是检验真理的唯一标准》

　　1977年8月,南京大学哲学系讲师胡福明完成《实践是检验真理的标准》的初稿,四易其稿后投寄《光明日报》,引起中共中央党校和《光明日报》报社负责人的高度重视。1978年1月至4月,他应《光明日报》总编辑杨西光等的要求,先后对文章做了多次修改。《光明日报》杨西光、王强华和中央党校的吴江、孙长江等同志也参加了后期的修改。胡耀邦同志亲自审定了这篇文章。这篇文章最终发表在第一版,为了加重文章的分量,并没有以作者的名义发表,而是以《光明日报》特约评论员的名义发表。

　　这篇文章一发表,在当时即引起强烈反响,众说纷纭,争论四起。文章也引起了邓小平同志的重视,他后来指出:"关于真理标准问题,《光明日报》刊登了一篇文章,一下子引起那么大的反应,说是'砍旗',这倒进一步引起我的兴趣和注意。"在他亲自领导下,围绕这篇文章的争论最终发展成为一场关于真理标准的大讨论。

　　《实践是检验真理的唯一标准》这篇文章揭开了全国关于真理标准大讨论的帷幕,为批判"两个凡是"的错误思想,重新确立党的解放思想、实事求是的思想路线做出了重大贡献。

第三节　科学的春天

一、全国科学大会奖

1978年3月，在全国科学大会上，南京大学有48项科技成果获奖，获奖数列全国高校第一。

科学技术奖

二、第一次国际学术会议

1982年，由教育部、地质部、国家科委、外交部和总参谋部会签，经国务院批准，于10月26日在南大召开国际花岗岩学术讨论会。这是我国综合性大学在地球科学方面召开的第一次国际学术会议。这次会议的召开，是对南大地质系花岗岩研究成果的大检阅。

国际花岗岩地质和成矿关系学术讨论会应邀参加会议的代表有175人。其中有澳大利亚、法国、希腊、日本、英国、美国的学者22名；中国科学院、地矿部、冶金工业部、核工业部等所属地质研究机构和生产单位，以及高等院校的地质学家153名。大会宣读论文共60篇，其中国外代表16篇、国内代表44篇。论文内容涉及花岗岩物质、大地构造、岩石学、同位素地质学、地球化学、成岩和成矿理论等方面，反映了当时国际上花岗岩研究的水平，是一次国际花岗岩研究和学术交流的盛会。南大地质系研究华南花岗岩成绩卓著，这次大会宣读了11篇论文，并举办了研究成果展览。

国际花岗岩学术讨论会与会人员合影

三、国家自然科学奖

1982年,国家启动新的科学研究奖励制度,南京大学有7项成果获首届国家自然科学奖,开启了南大"夺金摘银"的新纪元。

冯端(左)、王业宁、闵乃本、李齐等完成的"晶体缺陷的研究",获1982年国家自然科学二等奖

徐克勤(中)、郭令智等主持的"华南花岗岩地质、地球化学及其成矿规律的研究",获1982年国家自然科学二等奖

第四节 "八三五建言":建设"重中之重"

1983年5月中旬,教育部在武汉召开全国高等教育工作会议。与会的南京大学名誉校长匡亚明和浙江大学名誉校长刘丹、天津大学名誉校长李曙森、大连工学院名誉院长屈伯川共同讨论并起草了一份给中共中央书记处的建议书。这份5月15日寄出的材料题为《关于将五十所左右高等学校列为国家重大建设项目的建议》。

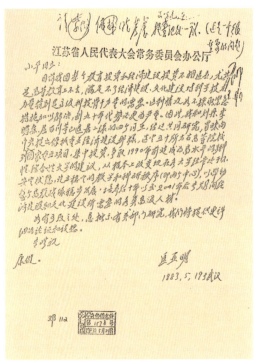

邓小平在匡亚明来信上批示:"请紫阳、依林同志考虑,提出意见,在书记处一议(这是一个很重要的问题)"

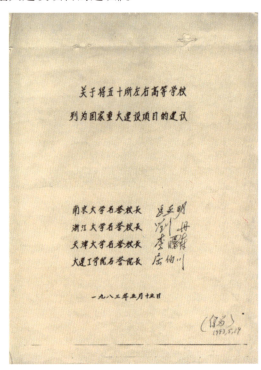

"八三五建言"

1983年5月19日,匡亚明在武汉专门给邓小平同志写信,再次建言献策:"希望中央像抓重点经济建设那样,选定顺应现代科学技术与高教发展趋势的50所左右高等学校,列入国家重点建设项目,集中投资。"此事引起了邓小平等党和国家领导人的高度重视,不但推动了七五计划期间"建设'重中之重'"的重大决策,而且开启了90年代擘划"211工程"和"985工程"的先河。

"八三五建言"充分反映了南京大学名誉校长匡亚明等老教育家的远见卓识和高度责任感,它最终为中央领导所采纳,也体现了小平同志及中央领导集思广益、民主决策的精神。

第五节 确立"以学科建设为龙头"的改革发展方略

《南京大学1984—1990年发展规划》明确了把南京大学"建设成为人文科学、社会科学、自然科学、生命科学、技术科学和管理科学等多学科协调发展的,具有自己特色和重要国际影响的社会主义教育、科研中心"的奋斗目标。

1988年,南京大学与清华大学等5所高校一起被列为全国进行综合改革的试点高校。学校进一步明确了以学科建设为龙头的改革思路。

曲钦岳校长主持召开校务会议,研究学校发展规划

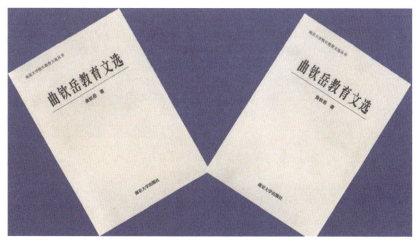

曲钦岳校长论教育

第六节　创建七年制医学院

在学科建设上，学校提出了"扬优、支重、改老、扶新"的方针，依托传统基础学科的优势，大力发展新兴、边缘、应用学科，打造多学科交叉的学科群。1987年5月，南京大学医学院成立，标志着南大的学科结构已经完全突破了1952年院校调整后的文理框架，朝着多学科协调发展的综合性大学迈进。

南京大学医学院挂牌成立

南京大学医学院附属医院

南京大学医学院附属医院

南京大学医学院附属医院

第七节 18个学科首批入选"国家队"

1988年,国家教委从全国拥有博士学位授予权的一千多个学科点中,遴选确定了416个国家重点学科,南京大学有18个学科入选,在全国高校中仅次于北大、清华而居第三位。

以程千帆、周勋初、卞孝萱、郭维森、莫砺锋为学术带头人的中国古代文学国家重点学科

以蒋孟引、王觉非、钱乘旦为学术带头人的世界地区史、国别史国家重点学科

以仇庆久、郑维行、程崇庆为学术带头人的基础数学国家重点学科

以龚昌德、徐躬耦、李正中为学术带头人的理论物理国家重点学科

以冯端、闵乃本、王业宁为学术带头人的凝聚态物理国家重点学科

以魏荣爵、张淑仪、王耀俊、章德、徐柏龄为学术带头人的声学国家重点学科

以戴安邦、游效曾、唐雯霞、郭子建为学术带头人的无机化学国家重点学科

以陈洪渊、张祖训、毕树平为学术带头人的分析化学国家重点学科

　　以江元生、陈懿等为学术带头人的物理化学国家重点学科

　　以曲钦岳、方成、陆埮、汪珍如为学术带头人的天体物理国家重点学科

　　以任美锷、王颖、彭补拙、高抒为学术带头人的自然地理国家重点学科

　　以伍荣生、余志豪、钱永甫、谈哲敏为学术带头人的天气动力学国家重点学科

以徐克勤、刘英俊、胡受奚、华仁民、朱金初、马东升、陈骏为学术带头人的矿床学（地球化学）国家重点学科

以郭令智、施央申、马瑞士、卢华复为学术带头人的构造地质学国家重点学科

以肖楠森、薛禹群、罗国煜、吴吉春、施斌为学术带头人的水文地质与工程地质国家重点学科

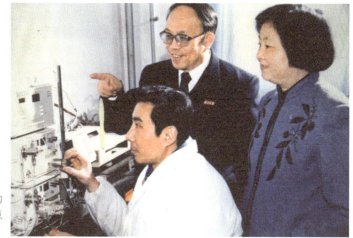

以朱德煦、张洪祖、华子春为学术带头人的生物化学国家重点学科

以刘志礼、谭仁祥为学术带头人的植物学国家重点学科

以孙钟秀、徐家福、谢立、吕建为学术带头人的计算机软件国家重点学科

第八节　建立研究生院

1981年南京大学开始招收博士生,1984年被列为国家首批试办研究生院单位。在1995年全国试办研究生院的评估中,南京大学名列第三,受到了教育部的表彰,并被批准正式成立研究生院。著名物理学家、中科院院士冯端担任首任院长,曲钦岳、孙义燧、吴培亨、程崇庆、吕建先后接任院长。

首任院长冯端院士

第二任院长曲钦岳院士

第三任院长孙义燧院士

第四任院长吴培亨院士

第五任院长程崇庆教授

现任院长吕建院士

第九节　南京大学所授博士学位中的"全国第一"

《中华人民共和国学位条例》颁布以来,南京大学有六位博士生分别在中国古代文学、地区史国别史、无机化学、构造地质学、矿床学和计算机等专业成为我国自己培养的第一位博士。

莫砺锋,第一位中国古典文学博士(导师程千帆教授)

顾连兴,第一位矿床学博士(导师徐克勤教授)

杨树锋,第一位构造地质学博士(导师郭令智教授)

汪信,第一位无机化学博士(导师戴安邦、忻新泉教授)

许满武,第一位计算机软件博士(导师徐家福教授)

钱乘旦,第一位地区史、国别史博士(导师蒋孟引教授)

第十节　受国务院表彰的博士、硕士学位获得者

南京大学受国务院表彰的博士、硕士学位获得者有：杜定全、洪银兴、胡志宏、贾承造、赖永海、李邨、吕建、马东升、莫砺锋、钱乘旦、汪信、王炜、吴沛成、夏斌、熊诗杰、薛行、杨树锋、张洪祖、赵宏、朱栋霖。

1994年，洪银兴教授（左四）荣膺国家"有突出贡献的中国博士学位获得者"荣誉称号

南大23名受国务院表彰的博士、硕士学位获得者中80%都是南大的本科毕业生

第十一节　国际化办学迈出实质性步伐

始建于20世纪80年代的南京大学—约翰斯·霍普金斯大学中美文化研究中心迄今已成功举办20多年，它是中国改革开放以后最早实施的高等教育国际合作长期项目，为中美文化交流事业培养了众多骨干人才，被誉为"不出国的留学园地"，在海内外产生了巨大的影响。

1981年9月28日创建中美文化研究中心协议的签字仪式

中美文化研究中心奠基合影

1981年9月28日创建中美文化研究中心协议的签字文本

1986年,中美文化研究中心举行首届开学典礼

1989年,南京大学与德国哥廷根大学共建中德经济法研究所,联合培养硕士研究生。图为中德经济与法律学术交流报告会

1993年,南大商学院走出国门,在新加坡开办MBA班。1995年,22名新加坡工商界的高级管理人员获我校颁发的MBA证书。这是我国向国外授予的第一批工商管理硕士学位

第十二节　学术榜的突破

南京大学在我国高校中最早将SCI论文收录与被引用作为评价院系、教授的研究水平,以及理科研究生教育质量的重要指标。

据统计,1992—1999年,南京大学被国际权威的科研检索资料《科学引文索引》(SCI)收录的论文数连续8年位居中国大陆高校第一,被引用论文数也自1994年起连续7年保持领先。

1989—1999年间SCI收录论文数最多的10所中国大陆高校

年份	一	二	三	四	五	六	七	八	九	十
1989	北大152	科大148	南大144	复旦141	清华99	南开67	兰大64	吉大63	浙大62	山大57
1990	科大195	北大183	南大169	复旦151	清华131	兰大96	吉大90	南开88	北医84	浙大80
1991	北大192	科大164	南大138	清华125	复旦115	南开100	兰大98	吉大79	浙大74	山大65
1992	南大225	北大184	兰大157	复旦151	科大144	清华138	吉大106	浙大101	山大92	北医南开91
1993	南大232	北大206	科大165	兰大165	清华151	复旦119	南开110	吉大97	浙大88	山大87
1994	南大325	北大232	科大210	复旦179	清华169	兰大141	吉大134	南开118	山大114	浙大111
1995	南大452	北大269	复旦244	清华231	科大227	吉大154	兰大152	南开133	浙大129	北医103
1996	南大570	北大285	清华273	科大270	复旦230	吉大167	兰大167	南开162	浙大160	山大122
1997	南大682	北大448	清华407	科大375	复旦320	浙大220	南开196	吉大192	山大191	兰大163
1998	南大552	北大542	科大443	清华424	复旦308	南开243	吉大223	浙大203	兰大188	山大168
1999	南大598	清华598	北大549	科大524	浙大461	复旦357	吉大296	南开286	兰大234	山大204

注:《科学引文索引》(SCI)收录的论文数南大连续8年位居中国大陆高校第一。

1989—2000年间SCI收录论文在当年被引用篇数中国高校前10

年份	一	二	三	四	五	六	七	八	九	十
1989	北大134	科大111	复旦90	南大85	清华55	上交49	南开47	北医45	中山40	上医39
1990	北大184	科大155	南大151	复旦136	清华81	北医67	上交60	上医58	南开53	北大46
1991	北大190	科大117	南大114	复旦111	清华65	兰大50	南开48	吉大46	北医46	武大45
1992	北大231	科大174	南大168	复旦143	清华130	兰大99	南开98	吉大82	武大77	山大72
1993	北大259	南大222	科大177	兰大167	清华147	复旦143	南开121	吉大103	武大97	吉大94
1994	南大245	北大230	科大187	兰大166	复旦162	清华140	吉大128	武大115	南开112	浙大99
1995	南大327	北大305	复旦212	科大209	清华190	兰大174	吉大151	南开128	武大127	山大114
1996	南大461	北大337	清华253	复旦239	科大235	兰大179	吉大155	南开152	山大143	浙大143
1997	南大613	北大436	清华328	科大286	复旦276	兰大230	吉大212	南开196	浙大171	山大148
1998	南大746	北大505	复旦399	清华382	科大368	兰大240	吉大235	南开215	浙大199	山大168
1999	南大899	北大620	科大494	清华492	复旦462	浙大390	南开275	兰大266	吉大263	山大185
2000	南大986	北大880	清华661	科大638	复旦621	浙大541	吉大369	南开327	山大270	兰大260

注:《科学引文索引》(SCI)收录论文在当年被引用论文数南大也自1994年起连续7年保持领先。

南京大学在学术榜的名次和地位不断提升。进入90年代,被SCI收录的论文数、被引用的论文数先后跃居榜首,分别连续八年和七年在大陆高校领跑

在世界顶尖期刊《自然》和《科学》上发表论文数量方面,南大自1991年以来一直高居全国高校榜首

1991年以来,南大在世界顶尖期刊《自然》和《科学》上发表论文数高居全国大学榜首。2013年,南大SCI论文发表取得优异成绩。截至2013年12月31日,南大在学科群一流期刊(*Nature*子刊、*PNAS*、*PRL*、*JACS*、*Angew*以及影响因子大于20的期刊)上共发表SCI论文55篇。另外,据*Nature*出版集团的Nature Publishing Index网站统计,截至2013年12月31日,南京大学NPI指数位居中国高校第四位。前三位高校分别为中国科学技术大学、清华大学、北京大学。

2008中国大陆高校 *Nature & Science* 论文排行榜(第一作者单位)

名次	学校名称	所在省市	论文数
1	南京大学	江苏	12
2	中国科技大学	安徽	11
3	北京大学	北京	10
4	西北大学	陕西	9
5	清华大学	北京	8
6	复旦大学	上海	4

第十三节　拓展办学空间　建立浦口校区

　　1987年底，南京大学为了拓宽办学空间，与南京市浦口区共建"教育、科技、外向型经济区"，规划建立南京大学浦口新校区。

浦口校区规划平面图

丁光训、曲钦岳等为南大浦口校区奠基揭幕仪式

1993年，南京大学浦口校区落成，举行开学典礼

浦口校区大门全景

第九章　跨越新高（1991—2009）

概　述

20世纪90年代，南京大学被列入首批"211"和"985"工程重点支持建设的高校，并明确了到21世纪中叶，要把南京大学建设成为世界一流大学的目标。2006和2011年，教育部和江苏省再次签订重点共建南京大学的协议，支持南京大学创建世界一流大学。

第一节　首批列入"211工程"

1994年，南京大学通过"211工程"部门预审。专家组一致认为："南京大学已经成为我国一所基础坚实、学科门类较为齐全、师资力量雄厚、教育质量和学术水平较高，属于国内一流水平，并有一定国际影响的综合性大学。"1996年正式立项，南京大学成为首批进入"211工程"项目的高校。

1997年1月，国家教委转发《国家计委关于南京大学"211工程"建设项目可行性研究报告的批复》

1994年，国家教委和江苏省人民政府签署共建南京大学协议

第二节　成立校董会

1997年5月,"南京大学董事会"成立,至今已有5届,成为学校与社会各界建立稳定、全面、紧密合作关系的桥梁和纽带,为学校各项事业的发展提供了有力支撑。截至2013年,校董会成员共计155位,董事长由南京大学陈骏校长担任,副董事长由洪银兴书记担任,其中名誉董事长20位,名誉校董56位,校董77位,并逐步成为学校的决策支持机构、战略实施的推进机构和社会资源的联络拓展机构。为南京大学服务地方经济建设和社会发展搭建了新的平台,增强了学校与社会的互动能力,改善了学校的办学条件,提升了南京大学的办学水平。

1997年南京大学成立董事会的决定文件

1998年5月,南京大学董事会第二次会议合影

2014年5月18日,第五届校董会第二次会议签字仪式

第三节　跻身首批"985工程"

　　1999年7月26日,《南京大学创建世界高水平大学规划》确定了南京大学"综合性、研究型、国际化"的发展战略。南京大学成为首批列入"985工程"建设的9所高校之一,这是南大发展史上的又一个里程碑。2006年10月28日,教育部与江苏省政府举行签字仪式,继续重点共建南京大学,在"985工程"二期中,共同投入建设经费14亿元,支持南京大学创建世界一流大学。2011年8月30日,教育部与江苏省政府签署共建国家高等教育综合改革实验区暨继续重点共建南京大学协议,分别向我校投入建设经费12.6亿元,继续支持南京大学创建世界一流大学。2013年,南京大学圆满完成了"985工程"三期的建设目标和任务,并以优秀的成绩通过了教育部、财政部联合对我校"985工程"(2010—2013年)三期建设情况的评审。

1999年7月26日,教育部部长陈至立与江苏省省长季允石签署共建南京大学协议

2006年10月28日,教育部与江苏省政府举行签字仪式

2011年8月30日,教育部与江苏省政府共建国家高等教育综合改革实验区暨继续重点共建南京大学协议签字仪式

　　"211工程"：1993年2月13日，中共中央、国务院印发的《中国教育改革和发展纲要》及国务院《关于〈中国教育改革和发展纲要〉的实施意见》中，关于"211工程"的主要精神是：为了迎接世界新技术革命的挑战，面向21世纪，要集中中央和地方各方面的力量，分期分批地重点建设100所左右的高等学校和一批重点学科、专业，使其到2000年左右在教育质量、科学研究、管理水平及办学效益等方面有较大提高，在教育改革方面有明显进展，力争在21世纪初有一批高等学校和学科、专业接近或达到国际一流大学的水平。并可概括表述为"211工程"，就是面向21世纪，重点建设100所左右的高等学校和一批重点学科点。

　　"985工程"：1998年5月4日，国家主席江泽民在庆祝北京大学建校一百周年大会上向全世界宣告："为了实现现代化，我国要有若干所具有世界先进水平的一流大学。"由此，中国教育部决定在实施"面向21世纪教育振兴行动计划"中，重点支持国内部分高校创建世界一流大学和高水平大学，简称"985工程"。

江泽民总书记视察南京大学，肯定南大办学方向与目标

　　1992年1月24日，时任中共中央总书记、国家主席的江泽民来南京大学视察。在党委书记韩星臣、校长曲钦岳陪同下，参观了计算机科学系的实验室和半导体超晶格实验室，并会见了南京大学的全体中科院学部委员和师生代表，肯定南大办学方向与目标，欣然题词。

1992年，江泽民视察南京大学　　　　　　江泽民的题词

江苏发展高层论坛

1997年1月15日,南京大学江苏发展研究院和江苏省改革与发展研究会联合发起并设立了江苏发展高层论坛。该论坛被誉为政府决策的"思想库"、"智囊团",成为江苏乃至长江三角洲地区经济发展的风向标。论坛迄今已连续举办了31期,几百人次的专家学者参加,不管江苏省委、省政府的领导如何更替,发展论坛从未间断,省委、省政府的主要领导都拨冗参加,以普通与会者身份直抒己见。江苏发展高层论坛已成为江苏省委、省政府政策咨询的最高平台。

2013年,第31次江苏发展高层论坛

第四节　本科教学评估

1999年,作为首家接受评优的综合性大学,南京大学的本科教育获得专家组的高度赞誉。2008年,在本科教学评估的工作汇报中,南大传统和特色、"四个融通"的人才培养理念、以匡亚明学院为代表的人才培养模式和教学改革中的诸多成果得到了专家组的肯定和赞扬。2008年,在我校本科教学评估中,评估专家组一致认为,南京大学是"中国高等教育发展的引领者和思想文化的传播者之一,在国内外享有很高声誉"。最后,南京大学以19个二级指标全优的成绩通过教育部组织的本科教学评估,在全部44个评估观测点中,43个取得A级评价。南京大学以优异成绩通过本科教学评估。2013年,南京大学在全国高校中率先完成教育部本科教学工作审核评估,教学改革成绩得到专家组的高度评价;以创办最好的本科教育为目标的"三三制"本科教学改革持续深入;以全面提高博士生质量为主线的"四三三"研究生培养体制改革正式启动。

1999年,普通高校本科教学工作优秀评价开幕式

2008年,南大本科教学工作汇报会现场

2008年,教育部本科教学工作水平评估专家考察校园

第五节 创新机制,培育新的学科生长点

1999年,南京大学提出了设立"学科特区"的新思路、新机制,培育新的学科生长点,历经6年组建起6个"学科特区"。建立"学科特区"是南京大学有针对性地重点建设一批一流学科的一个创新思想。所谓"学科特区"是指在国际科技前沿领域着力选择几个突破口,把新兴学科对学科整体发展的影响力、在国际学术界的地位、持续发展的活力等作为衡量标准,从国内外引进优秀人才,突破现有的学科组织结构模式,遵循国际惯例,创立全新管理机制,采取特殊运作方式,构筑人才高地,强化资源投入,以超常规发展的思路及制度,在不太长的时间内形成有突出影响的优势学科。

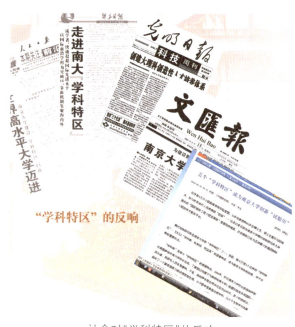

社会对"学科特区"的反响

分子医学研究所(1999)

国际地球系统科学研究所(2000)

理论与计算化学研究所（2001）

现代数学研究所（2003）

模式动物研究所（2003）

人文社会科学高级研究院（2005）

新的思路和新的增长点：组建"学科特区"

　　南京大学"学科特区"管理模式始于哈佛大学分子医学实验室一次跨国界的"成建制"迁移。

　　1999年秋，南京大学校长蒋树声前往美国参加中美大学校长论坛时，了解到在科研水平世界一流的哈佛大学分子医学研究室工作的华人学者们有回国工作愿望却有所顾忌，他专程到哈佛大学拜访华人学者刘建宁教授并与他进行了长时间的交流，促成了将哈佛大学医学实验室软硬件整体引进南京大学的合作。于是，通过出台一系列相应政策，突破我国高校现有的管理体制，南京大学第一个"学科特区"——分子医学研究所于1999年12月正式挂牌。

　　2000年11月，以美国伯克利加州大学森林与环境监测与评价中心主任宫鹏博士、日本名古屋大学地球与行星科学系张万昌博士、中科院遥感所田庆久教授等为主要成员的国际地球系统科学研究所成立，成为第二个"学科特区"。

　　2001年6月，由1994年获得美国总统教授奖的美国纽约大学张增辉教授与我国著名化学家、中科院院士江元生教授共同领衔成立了理论与计算化学研究所，成为第三个"学科特区"。

2003年，从美国著名大学回南京大学工作的高翔牵头组建的模式动物研究所，成为第四个"学科特区"。

2003年10月，南京大学组建由美国麻省理工学院首席教授田刚出任所长的现代数学研究所，成为第五个"学科特区"。

2005年4月，南京大学在发展理工科"学科特区"的基础上成立的南京大学人文社会科学高级研究院，成为第六个"学科特区"。

队伍配置冲破校园围墙　面向全球公选教授副教授

2003年，南京大学在国内高校中最早将职称评审与高级职务岗位聘任相结合，根据"按需设岗、公开招聘、择优聘任、合同管理、考核流动"的原则，在国内率先面向海内外公开招聘教授、副教授，吸引了大批海内外学者来校工作，提升了师资队伍的整体活力。这是南京大学冲破以往传统惯例，引入现代人力资源管理手段的一次改革实践。每个岗位的竞聘人员要先由院系学术分委员会进行初步筛选，再请海外学术评价顾问把关，最后由南京大学专业职务聘任委员会决定。新聘教授、副教授的聘期为三年。期满后，通过岗位目标考核合格方可续聘。

2003年，南京大学在《人民日报》《光明日报》等媒体发布公告，面向海内外公开招聘教授149人、副教授149人。此后教授、副教授岗位如出现空缺，也一律实行公开招聘。这项改革在全国高校首开先河。右图为公开招聘的报纸公告。

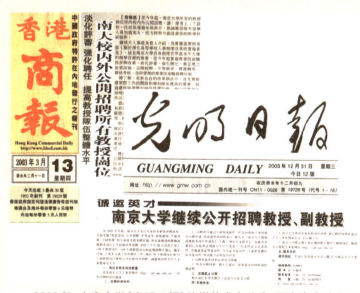

2003年，南京大学《光明日报》等媒体发布公告，面向海内外公开招聘教授149人、副教授149人。此后教授、副教授岗位如出现空缺，也一律实行公开招聘。这项改革在全国高校首开先河

第六节　百年校庆

　　跨入新世纪,在迎接百年校庆之际,南大全校开展了"南大传统和大学精神"的大讨论。经过广泛征集和遴选比较,确定将"诚朴雄伟,励学敦行"作为南京大学新的校训,把原南京高等师范学校校歌重新确定为南京大学校歌,并提出了建设世界高水平大学的奋斗目标。

　　2002年5月20日,南京大学举行庆典活动,隆重庆祝建校100年。

　　2002年,在百年校庆之际,南京大学授予7位校友"世纪校友学术成就金奖"。图为蒋树声校长给"两弹一星"功臣程开甲校友颁发荣誉证书

　　2002年,南京大学隆重庆祝建校100周年,各级领导前来祝贺。图为教育部长陈至立致贺词

海内外校友、嘉宾欢聚一堂

庆典大会现场

第七节　基础学科向现代工科延伸

学科是大学最基本的元素,是大学教学、科研、师资等方面实力的集中反映。学科随着科学与社会的发展不断分化又不断综合,因此世界一流大学的学科建设也往往呈现出文、理、工等学科交互融合、协调发展的特点。南京大学在长期的发展历程中,一直高度

重视学科建设。2009年,南京大学物理学院、电子科学与工程学院、现代工程与应用科学学院同时成立。这是南大推动优势基础学科向现代工科延伸的重要举措,文、理、工、医多学科协调发展的办学格局正在形成。尤其近年来,学校坚持以"学科建设为龙头",初步实现了学科格局从文、理为主向文、理、工、医协调发展的成功转变,形成了独有的学科特色与优势。

2009年,南京大学物理学院、电子科学与工程学院、现代工程与应用科学学院同时成立

第八节　中国共产党南京大学第九次代表大会

2009年3月,中国共产党南京大学第九次代表大会召开,进一步明确了创建世界一流大学的目标,提出了"两步走"的发展战略:第一步,到2012年,即建校110周年时,学校在人才培养、科学研究、技术创新、社会服务、国际交流等方面形成显著特色,文、理、工、医等多学科协调发展,学科整体实力达到世界知名高水平大学水平;第二步,到2022年,即建校120周年时,大部分学科在国内居于领先,部分学科接近世界一流大学水平,若干学科方向要率先达到世界一流,学校的人才培养质量、科技创新能力、师资队伍水平等若干关键指标基本达到世界一流大学水平。到本世纪中叶,南京大学要建设成为真正的世界一流大学。

2009年3月,中国共产党南京大学第九次代表大会会场

第九节 开辟新百年发展基业,建设仙林国际化校区

2006年11月22日,南京大学仙林国际化校区奠基仪式隆重举行。仙林校区将建成一个包含部分非国际化办学内容的国际校园,其中三分之二的建设用地用于国际化办学项目,三分之一建设用地用于科技创新和配套、支撑项目。此举将大大拓展南大的办学空间,显著提升办学的国际化水平。

南京大学仙林国际化新校区占地面积3000亩,建筑面积122万平方米。校区建设得到了大量的社会捐赠,几乎每幢楼每个建设项目都有校友、政府援建。2009年10月,事关南京大学新百年事业发展的仙林国际化校区正式启用,从此开启了南京大学国际化办学的崭新一页。

2005年,时任江苏省委书记李源潮(中)会见南京大学校长蒋树声(右)、党委书记洪银兴(左)时,学校领导正式向省领导提出进入仙林的要求

2006年夏,南京市市长蒋宏坤(左二)、省教育厅厅长王斌泰(左三)、仙林大学城管委会主任梁学忠(右一)、南京大学党委书记洪银兴(左一)就仙林校区教育用地达成一致意见

南京大学仙林国际化校区奠基典礼会场

南京大学领导集体迎接第一批入住仙林的南大学子

第四编　今日南大

　　在一个多世纪的办学历程中,南京大学及其前身与时代同呼吸、与民族共命运,谋国家之强盛、求科学之进步,为国家的富强和民族的振兴做出了重要的贡献。作为教育部直属的重点综合性大学,南京大学又在崭新的历史机遇中焕发出新的生机。南京大学现已发展成为拥有鼓楼、浦口、仙林三个校区,28个直属院系,2180余名专职教师,55000余个各类学生,师资力量雄厚,人文、社会、管理、自然、现代医学和工程技术等多学科协调发展的综合性重点大学。在教学、科研和社会服务等各个领域保持良好的发展态势,各项办学指标和综合实力均位居全国高校前列。

第十章　队伍建设

概　述

南京大学始终将高层次人才队伍建设作为重中之重,坚持教学科研并重,努力实现高水平科研背景下的高质量教学。学校多措并举,建立长效机制,切实提高教师教学能力,保障高水平教师队伍对人才培养的充分投入;创建有利于人才创造性发挥的绩效考核和评价机制,坚持人才引进与培养并重,分层次、有重点地加强师资队伍建设。目前,学校拥有一支高素质、富有创新精神、接轨国际一流教学科研需要的师资队伍。

第一节　师资队伍

学校教师队伍人才状况统计(人数)

专任教师			2251人
中国科学院院士	29人	中国工程院院士	3人
中国科学院外籍院士	1人	第三世界科学院院士	4人
俄罗斯科学院院士	1人	加拿大皇家科学学院院士	1人
国家级有突出贡献的中青年科学、技术、管理专家	17人	973计划和重大科学研究计划项目首席科学家	29人
博士生导师	914人	国务院学位委员会学科评议组成员	19人
中组部"千人计划"入选者	26人	国家杰出青年基金获得者	90人
国家人事部、教育部"百千万人才工程"培养人选	9人	国家人事部、教育部"新世纪百千万人才工程"培养人选	17人
教育部高校优秀青年教师教学科研奖励计划获得者	18人	教育部"长江学者奖励计划"讲座教授	22人
教育部"长江学者奖励计划"特聘教授	68人	国家级教学名师	10人
教育部新世纪优秀人才支持计划	238人		

(截至2014年3月)

第二节　大师风范

一、在校的中国科学院、中国工程院院士（按学部及当选时间排序）

冯端（1923.6— ）凝聚态物理学家。1946年毕业于国立中央大学物理系。南京大学教授。1980年当选为中国科学院学部委员（院士）

曲钦岳（1935.5— ）天体物理学家。1957年毕业于南京大学天文系。南京大学教授。1980年当选为中国科学院学部委员（院士）

王业宁（1926.10— ）物理学家。1949年毕业于国立中央大学物理系。南京大学教授。1991年当选为中国科学院学部委员（院士）

张淑仪（1935.12— ）声学家。1956年毕业于南京大学物理系，1960年南京大学声学专业研究生毕业。南京大学教授。1991年当选为中国科学院学部委员（院士）

闵乃本（1935.8— ）物理学家。1959年毕业于南京大学物理系。南京大学教授。1991年当选为中国科学院学部委员（院士）

苏定强（1936.6— ）天文学家。1959年毕业于南京大学天文系。南京大学教授。1991年当选为中国科学院学部委员（院士）

方成（1938.8—　）天体物理学家。1959年毕业于南京大学天文系。南京大学教授。1995年当选为中国科学院院士

孙义燧（1936.12—　）天体力学家。1958年毕业于南京大学天文系。南京大学教授。1997年当选为中国科学院院士

陆埮（1932.2—　）天体物理学家。南京大学教授。2003年当选为中国科学院院士

龚昌德（1932.7—　）物理学家。南京大学教授。2005年当选为中国科学院院士

邢定钰（1945.2—　）物理学家。1967年毕业于南京大学物理系，1981年在南京大学获硕士学位。南京大学教授。2007年当选为中国科学院院士

王广厚（1939.11—　）原子分子与团簇物理学家。南京大学教授。2011年当选为中国科学院院士

程镕时（1927.10—　）高分子物理及物理化学家。1949年毕业于金陵大学化学系。南京大学教授。1991年当选为中国科学院学部委员（院士）

游效曾（1934.1—　）无机化学家。1957年南京大学研究生毕业。南京大学教授。1991年当选为中国科学院学部委员（院士）

胡宏纹（1925.3—　）有机化学家。1946年毕业于国立中央大学化学系。南京大学教授。1995年当选为中国科学院院士

陈洪渊（1937.12—　）分析化学家。1961年毕业于南京大学化学系。南京大学教授。2001年当选为中国科学院院士

陈懿（1933.4—　）物理化学家。1955年毕业于南京大学化学系。南京大学教授。2005年当选为中国科学院院士

郭令智（1915.4—　）地质学家。1938年毕业于国立中央大学地质系。南京大学教授。1993年当选为中国科学院学部委员（院士）

王德滋（1927.6—　）岩石学家。1950年毕业于南京大学地质系。南京大学教授。1997年当选为中国科学院院士

伍荣生（1934.1—　）大气科学家。1956年毕业于南京大学气象系。南京大学教授。1999年当选为中国科学院院士

薛禹群（1931.11—　）水文地质学家。南京大学教授。1999年当选为中国科学院院士

王颖（1935.02—　）海岸海洋地貌与沉积学家。1956年毕业于南京大学地理系。南京大学教授。2001年当选为中国科学院院士

符淙斌（1939.10—　）气候学家。1962年毕业于南京大学气象系。南京大学教授。2003年当选为中国科学院院士

陈骏（1954.10—　）地球化学家。南京大学教授。1980年毕业于南京大学，1982年和1985年先后获南京大学硕士和博士学位。2013年当选为中国科学院院士

郑有炓(1935.10—)半导体材料与器件物理专家。1957年毕业于南京大学物理系。南京大学教授。2003年当选为中国科学院院士

吴培亨(1929.11—)超导电子学家。1961年毕业于南京大学物理系。南京大学教授。2005年当选为中国科学院院士

吕建(1960.03—) 计算机软件专家。南京大学教授。1982年毕业于南京大学计算机系,1984年和1988年先后获南京大学硕士和博士学位。2013年当选为中国科学院院士

都有为(1936.11—)磁学与磁性材料专家。1957年毕业于南京大学物理系。南京大学教授。2005年当选为中国科学院院士

祝世宁(1949.12—)功能材料学家。1988、1996年在南京大学物理系先后获硕士、博士学位。南京大学教授。2007年当选中国科学院院士

张全兴(1938.12—)环境工程学家。南京大学教授。2007年当选为中国工程院院士

黎介寿(1924.10—)普通外科专家、医学教育家。南京大学教授。1996年当选为中国工程院院士

刘志红(1958.12—)肾脏内科学专家。南京大学教授。2003年当选为中国工程院院士

二、在校中国科学院外籍院士

姓　名	性　别	当选时间	学术专长
阿龙·切哈诺沃（Aaron Ciechanover）	男	2013.12	生物化学

三、在国际或他国当选的院士

姓　名	学　科	当选时间	名　称
曲钦岳	天文学	1990年	第三世界科学院院士
冯　端	物理学	1993年	第三世界科学院院士
闵乃本	物理学	2002年	第三世界科学院院士
方　成	天文学	2005年	第三世界科学院院士
夏元复	物理学	1998年	俄罗斯科学院院士
陈镜明	地图学与地理信息系统	2006年	加拿大皇家科学学院院士

四、南京大学人文社会科学荣誉资深教授（按姓氏笔画排序）

姓　名	性别	出生日期	当选时间	研究领域
张宪文	男	1934.10	2014	中华民国史、抗日战争史、蒋介石研究等
茅家琦	男	1927.02	2014	中国近代史、太平天国史
林德宏	男	1938.07	2014	马克思主义哲学、科学技术哲学和科学思想史的教学与研究
周三多	男	1933.11	2014	管理学
周勋初	男	1929.04	2014	中国古代文学
董　健	男	1936.01	2014	中国现当代文学和戏剧教学与研究
蒋赞初	男	1927.05	2014	考古学与历史研究

五、南京大学人文社会科学资深教授（按姓氏笔画排序）

张永桃，1943年12月出生，1965年复旦大学经济学系毕业。南京大学教授，研究专长：政治学、行政学等。2014年当选为南京大学人文社会科学资深教授

洪银兴，1950年9月出生，1982年获南京大学经济学硕士学位，1987年获中国人民大学博士学位。南京大学教授，研究专长：经济学（经济运行机制、经济发展和宏观经济的理论和政策等）。2014年当选为南京大学人文社会科学资深教授

莫砺锋，1949年4月出生，1982年获南京大学文学硕士学位，1984年获文学博士学位，为新中国首位文学博士获得者。南京大学教授，研究专长：中国文学史、唐宋文学、古代文学批评等。2014年当选为南京大学人文社会科学资深教授

赖永海，1949年7月出生，1985年获南京大学哲学博士学位。研究专长：佛学、中国哲学、宗教学等。南京大学教授。2014年当选为南京大学人文社会科学资深教授

第十一章　人才培养

概　述

　　春风化雨、桃李芬芳。一百多年来，南京大学在各个历史阶段培养和造就了众多中华英才，他们在各自的领域建功立业、成就卓著。今日，南京大学确立了"吸引一流生源、给予一流培养、造就一流人才"的指导思想，以培养具有国际视野和高素质创新能力的拔尖领军人才为目标，坚持"融业务培养与素质教育为一体、融知识传授与能力培养为一体、融教学与科研为一体"的方针，大力推进"基础性人才和高科技应用人才的培养与国际接轨，复合型应用人才的培养与社会接轨"，在教育教学改革中进行了多方面的探索，形成了许多重要的教育思想和教学理念，在国内外高等教育界产生了重要的影响。

第一节　办中国最好的本科教育

　　南京大学始终重视教育理念的更新和教学思想研究的推进，不断深化教育教学改革，探索形成了"基础宽厚、文理通融"的高素质创新人才培养模式，赢得了社会各界的广泛赞誉。2009年，南京大学以"办中国最好的本科教育"为目标，深入贯彻"学科建设与本科教学融通、通识教育与个性化培养融通、拓宽基础与强化实践融通、学会学习与学会做人融通"的"四个融通"人才培养理念，以优化课程体系为主导，全面实施以"三个培养阶段"和"三种培养路径"为核心的"三三制"本科教学改革，致力于为学生提供更大的自由发展空间、更多的学习自主选择权，从而培养具有国际视野和高素质创新能力的拔尖领军人才。

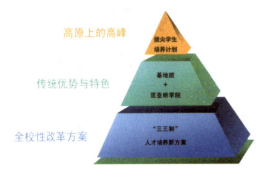

南京大学本科教育模式图

一、基础人才培养模式——匡亚明学院

南京大学匡亚明学院是在少年部（1985年成立）、基础学科教学强化部（1989年以少年部为基础成立）、基础学科教育学院（1998年组建）的基础上发展而来的，于2006年正式将基础学科教育学院更名为匡亚明学院。

1998年4月，南京大学基础学科教育学院成立，使富有南大特色的高素质创新人才培养模式在更大范围内推广、实施。图为党委书记韩星臣与卢德馨教授共同为学院揭牌

2006年，基础学科教育学院更名为匡亚明学院，并对500名新生实行"2＋2"通识教育培养模式。图为蒋树声校长与丁莹如教授（匡亚明夫人）共同为学院揭牌

匡亚明学院实施"以重点学科为依托，按学科群打基础，以一级学科方向分流，贯通本科和研究生教育"的培养模式，现设有数理、化生、地学、基础文科和应用文科五大模块，学生入学后可以按"多次选择、逐步到位"的分流方式来确定修读的专业方向。

匡亚明学院的课程体系

匡亚明学院的创新办学模式、优秀人才培养成果和经验以及与培养模式相匹配的教材著作等，先后多次获国家级教学成果奖、江苏省特等奖等多个集体奖项以及10多项个人奖项，在国内高校起了明显的示范作用。根据不完全统计，在 *Nature*、*Science*、*Cell* 上发表过文章的匡亚明学院的学生有10余人。2000年以来，该学院学生在本科阶段发表学术论文300多篇。

二、"三三制"本科教学改革

"适合学生发展的道路才是南京大学所追求的方向"、"让学生感到快乐的教育才是南京大学眼中最好的本科教育"等宗旨成为"三三制"改革的根本方针,而突出以学生为本、遵循教育与人才成长规律、敢于与国际一流接轨的鲜明特征,以及涵盖课程体系、师资队伍、教学方法、体制机制等全方位的教育教学改革,也使得南京大学"新教改"从2009年提出,到今天已经成为社会尤其是教育界关注的焦点。截至2011年底,全校通识教育和新生研讨课程立项总数达到212门,覆盖全校所有教学院系,包括中科院院士在内的200余名高水平教授参与课程教学。

南京大学全面推进实施本科教育教学改革。截至目前,已有国家级教学名师10位、国家级教学团队12个、国家精品课程56门、教育部特色专业建设点22个、国家级实验教学示范中心6个,位居全国高校前列。

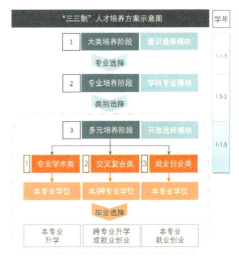

"三三制"人才培养方案示意图

南京大学获六届国家级教学奖励一览表

类别 届次	国家级教学成果奖	优秀教材奖
第一届 (1989年)	特等奖2项	国家级特等奖1项、优秀奖4项
	优秀奖5项	部委级一等奖7项、二等奖10项
第二届 (1993年)	一等奖1项	国家级特等奖2项、优秀奖6项
	二等奖6项	部委级一等奖2项、三等奖19项
第三届 (1997年)	一等奖1项	部委级一等奖16项
	二等奖9项(含教材项目3项)	部委级二等奖17项
第四届 (2001年)	一等奖2项	教育部 1999、2000年度科技进步奖(教材)一等奖2项、二等奖2项、三等奖3项
	二等奖8项	
第五届 (2005年)	二等奖11项	2002年全国优秀教材奖一等奖4项、二等奖12项
第六届 (2009年)	一等奖2项,二等奖8项	
第七届 (2014年)	特等奖1项,一等奖1项,二等奖5项	

南京大学历年来获得的国家级教学成果一等奖

院系	年度	获奖项目名称	获奖等级	成果完成人
地球科学系	1989	普通地质学教学研究与课程建设	特等奖	夏邦栋　陈智娜
教务处	1989	大学教学管理研究与实施	特等奖	冯致光　丁承憨
强化部	1993	基础性人才培养基地建设	一等奖	卢德馨　孙景李　桑志芹
物理系	1997	凝聚态物理学高层次人才培养研究与实践	一等奖	冯　端　龚昌德　闵乃本　王业宁　李正中
中文系	2001	中文学科人才培养模式研究	一等奖	赵宪章　姚　松　汪维辉　张建勤　周欣展
教务处	2001	综合大学高素质创新人才培养的研究与实践	一等奖	许放放　张大良　陈云棠　吕浩雪　钱国兴
匡亚明学院	2009	基于基础物理学课程的研究型教学模式的形成、实践和发展	一等奖	卢德馨　许　望　鞠国兴　肖明文
物理系	2009	以培养学生创新意识和研究能力为核心的物理实验教学体系的构建	一等奖	周　进　唐　涛　王思慧　苏为宁　吴卫国
南京大学	2014	以学生发展为中心的"三三制"本科人才培养体系构建与实施	特等奖	陈　骏　谈哲敏　陈建群　赵志宏　王　唯　张亚权　邵　进
中文系	2014	研究型大学中文专业低年级本科生创新意识培养途径实践	一等奖	丁　帆　徐兴无　武秀成　董　晓　刘重喜

2014年,陈骏等获国家级教学成果特等奖证书

第二节　国家级教学名师

国家级教学名师奖是奖励在高教战线上,兢兢业业,努力探索教育教学规律,运用现代教育教学思想改革传统教育教学过程,在培养本科人才、创新课程教材和教学模式等方面做出突出成绩的优秀教师,特别是长期从事基础课程教学的优秀教师。自2003年首届评选至今,南大已有十位教师获此殊荣,在全国高校中名列前茅。

南京大学国家级教学名师一览表

序号	姓名	院系	年度	国家级荣誉
1	卢德馨	匡亚明学院	2003	国家名师
2	王守仁	外国语学院	2003	国家名师
3	范从来	商学院	2003	国家名师
4	桑新民	教育研究院	2003	国家名师
5	左玉辉	环境学院	2006	国家名师
6	沈坤荣	商学院	2007	国家名师
7	徐士进	地球科学院	2007	国家名师
8	周晓虹	社会学院	2009	国家名师
9	刘厚俊	商学院	2009	国家名师
10	李满春	地理学院	2011	国家名师

国家级教学名师证书

国家级教学名师奖杯

第三节　学子风采

　　据不完全统计,2009年以来,南京大学本科生在"全国大学生电子设计大赛"、"全国大学生法语风采大赛"、"全国挑战杯课外学术科技作品大赛"等全国性大型学科竞赛中获得近600项奖项。从江苏省本科毕业生优秀论文的获奖情况看,2009年以来,每年南京大学的获奖数目都保持在10篇左右,其中一等奖获奖数目保持在6~7篇。

1995年,南京大学获"国际大专辩论赛"第一名

1996年,外国语学院刘欣同学荣获伦敦"世界英语演讲比赛"总冠军

　　1999年,外国语学院蔡力同学荣获"21世纪杯"全国大学生英语演讲比赛冠军,并在伦敦"世界英语演讲比赛"上获"最佳非英语国家演讲者"奖

新闻学院孙海涛同学(中)获1999年"中国青年五四奖章",并在残疾人奥运会上获得多块奖牌

　　在连续12届全国大学生英语演讲比赛中,南大学子五度夺得全国总冠军,其中两次代表中国学子获"世界大学生英语演讲比赛"年度总冠军。由此,南京大学也成为国内唯一一所在国际英语演讲比赛中获得冠军的高校。图为2005年,外国语学院2003级本科生夏鹏同学在伦敦"世界英语演讲比赛"上,代表中国获得总冠军

2007年外国语学院2006级陈星同学在英国伦敦举行的"国际英语演讲比赛"中获"非英语国家最佳演讲者"奖

"挑战杯"是全国大学生系列科技学术竞赛的简称，是由共青团中央、中国科协、教育部和全国学联共同主办的全国性的大学生课外学术实践竞赛。"挑战杯"对在校大学生来说是考验专业综合能力的挑战，很多参赛项目都密切联系现实社会，体现出了青年学生对社会的关注和贡献。

2006年，匡亚明学院张小栋等同学荣获第五届"挑战杯"金奖

获奖证书 Certificate

南京大学

王琪 赵文睿 吴倜 徐心依 魏娟 史沛文 刘凤 陈傲雪 李杰 同学：

你们的作品 _____ 江苏康盛电子有限责任公司 _____ 在第八届"挑战杯"

中国大学生创业计划竞赛中荣获：

金 奖

特发此证，以资鼓励。

二〇一二年十一月

2013年，王琪等同学荣获第八届"挑战杯"金奖，这是南大在2006年获金奖后，时隔八年再次获得金奖

第四节　新星璀璨

　　我校的莘莘学子既保持了"基础扎实、知识面宽、后劲充足"等传统特点,又开始显示出经过改革开放大潮洗礼的"跨世纪人才"的新风貌,受到社会各界的普遍赞誉。摘取美国重要科学奖的中华学人中,有8位是南京大学的毕业生:夏志宏、田刚、戴建岗、肖敏、薛子陵、金建明、何丽丽、蔡力,他们先后荣获"美国青年科学家总统奖"(原"美国总统奖")。至2013年,由南京大学培养的、恢复高考制度后毕业的本科生中,有11位当选中国科学院及工程院院士。在历届中国青年科学家奖获得者中,南大毕业校友有5人,名列全国第一。

恢复高考后南京大学培养的本科毕业生中当选我国两院院士

姓　名	当选时间	专业方向	毕业时间
田　刚	2001年	数学	1982年
陈晓亚	2005年	植物生理学	1982年
张　经	2007年	化学海洋学与海洋生物地球化学	1982年
郑永飞	2009年	地球化学	1982年
吴岳良	2009年	理论物理学	1982年
于　全	2009年	信息物理学	1986年
刘丛强	2011年	岩石矿物地球化学	1982年
李　林	2011年	生物化学	1983年
周忠和	2011年	地质系古生物与地层学	1986年
周成虎	2013年	陆地水文	1984年
吕　建	2013年	计算机软件	1982年

获中国青年科学家奖的校友

姓　名	当选时间	专业方向	毕业时间
郑永飞	1998年	地球科学	1982年地质/地科本科
佘振苏	2002年	数理科学	1982年天文本科
赵　刚	2002年	数理科学	1990年天文博士
蒋华良	2002年	生命科学	1987年化学本科
朱　敏	2006年	地球科学	1984年地质/地科本科

第十二章 科学研究

概 述

　　南京大学的前身曾被誉为"中国科学社的大本营"和"中国科学发展的主要基地"。一个多世纪以来,追求真理的科学精神和传统在南京大学的校园里积淀、传承并不断发扬光大,全校呈现出"人才济济、科教芃芃"的繁荣局面。

　　在新的历史时期,南京大学以"加强应用、注重基础、发展边缘、促进联合"为中心,坚持"基础研究面向国际学术前沿,应用研究面向国家战略需求和国民经济建设主战场,致力于解决国家与人类发展中面临的重大理论和现实问题"的指导思想,涌现了一大批具有重要影响、蜚声国内外学术界的高水平科研成果,成为我国重要的科学研究中心。

自然科学一等奖证书

第一节　自然科学研究领域的最高荣誉——国家自然科学一等奖

国家自然科学一等奖代表着一个阶段基础研究和原始创新的国家级水平。建国半个多世纪以来，获此殊荣的仅有27项科研成果。2006年，南京大学物理系闵乃本院士领衔完成的"介电体超晶格材料的设计、制备、性能和应用"项目成果喜获国家自然科学奖一等奖，弥补了这一奖项连续两年的空缺。该奖的获得堪称"十九年磨一剑"，这是自1999年国家奖励制度改革以来，内地高校独立完成的第一个国家自然科学一等奖。

2007年2月27日，国家科学技术奖励大会在北京召开，胡锦涛总书记同荣获2006年度国家自然科学一等奖的南京大学闵乃本院士握手并表示祝贺

闵乃本院士课题组摘得2006年度国家自然科学一等奖

2007年4月，闵乃本院士及其团队先进事迹报告会

第二节 南京大学荣获国家级科学三大奖项

国家级科学三大奖项分别为：自然科学奖、科技进步奖和技术发明奖。自2000年以来，南京大学获得了几十项之多，其中荣获国家自然科学一等奖1项，二等奖17项；国家科技进步二等奖和技术发明二等奖共9项，在国内高校，名列前茅，产生了重要的影响。

2000年以来南京大学获得国家级科学三大奖励二等奖情况

获奖成果名称	完成单位	主要完成人员	获奖时间及名称
尿激酶原的结构和功能关系的研究	生物化学系	朱德熙 刘建宁 华子春	2000年国家自然科学奖
KAM理论与极小轨道	数学系	程崇庆 孙义隧 尤建功	2001年国家自然科学奖
树脂吸附法处理有毒有机化工废水及其资源化研究	环境学院	张全兴 陈金龙 王槐三	2001年国家科技进步奖
自旋输运和巨磁电阻理论	物理学系	邢定钰 盛利 顾若愚 刘楣 董锦明	2002年国家自然科学奖
伽玛射线暴余辉和能源机制的研究	天文学系	戴子高 陆埮 郑广生 黄永锋 王祥玉	2003年国家自然科学奖
有序可控硅基量子结构的构筑原理和光电子特性	物理学系	陈坤基 徐骏 黄信凡 冯端 李伟	2003年国家自然科学奖
光电功能配位化合物及其组装	化学化工学院	游效曾 熊仁根 左景林 张勇 余智	2004年国家自然科学奖
有机杂环化合物在金属表面的化学及化学聚合	化学化工学院	薛奇 石高全 金士 张峻峰 陆云	2004年国家自然科学奖
新型半导体异质结构和器件物理研究	物理学系	郑有炓 张荣 施毅 沈波 顾书林	2004年国家自然科学奖
新型的氧化物磁制冷工质与隧道型磁电阻材料	物理学系	都有为 郭载兵 张宁 钟伟 冯端	2004年国家自然科学奖
几种铁电薄膜及配套氧化物电极材料的研究	物理学系	刘治国 李爱东 吴迪 朱信华 闵乃本	2005年国家自然科学奖
对象化主体化的软件协同技术、平台与应用	计算机科学与技术系	吕建 马晓星 陶先平 骆斌 吕军	2006年国家科技进步奖
功能界面修饰与电化学分析方法研究	化学化工学院	陈洪渊 徐静娟	2007年国家自然科学奖
晶体生长机制与动力学若干问题的研究	物理学系	王牧 闵乃本	2007年国家自然科学奖

水溶性、难降解有机污物治理与资源化新技术	环境学院	张全兴	李爱民	陈金龙	2007年国家技术发明奖
		龙　超	潘丙才	赵　露	
若干重要药用植物的成分研究	生命科学学院	谭仁祥	郑荣梁	贾忠建	2009年国家自然科学奖
		孔令东	郑汉其		
化工园区工业废水处理新技术及工程应用	环境学院	任洪强	丁丽丽	严永红	2009年国家技术发明奖
		伦世仪	张国平		
脊柱畸形的临床治疗和相关基础研究	医学院	邱　勇	王　斌	朱泽章	2009年国家科技进步奖
		朱　锋	俞　杨		
亚洲风尘产生与搬运沉积的地球化学与环境变迁研究	地球科学与工程学院	陈　骏	郑洪波	鹿化煜	2010年国家自然科学奖
		季峻峰	杨杰东		
原子团簇和团簇组装的尺寸效应和奇特特性	物理学院	王广厚	韩　民	赵记军	2010年国家自然科学奖
		刘峰奇	王保林		
典型污染物环境化学行为、毒理效应及生态风险早期诊断方法	环境学院	王晓蓉	陈景文	尹大强	2011年国家自然科学奖
		郜洪文	朱东强		
网构软件技术、平台与应用	计算机科学与技术系	吕　建	李宣东	张成志	2011年国家科技进步奖
		马晓星	陶先平	曾庆凯	
		许畅　吕军		李俊　曹春	
超级浮阀塔板等新技术研发及其在工业节能减排方面的应用	化学化工学院	张志炳	周　政	耿　皎	2011年国家科技进步奖
		李　磊	孟为民	吴有庭	
		仲军实	邵英贵	史世颂	
		李岩宝			
微生物基因工程可溶性表达及产物后加工新技术	生物化学系	华子春	张红霞	孙启明	2012年国家技术发明奖
		方　雷	董　晨	郑伟娟	
污染物微生物净化增强技术新方法及应用	环境学院	任志强	郑　俊	孙珮石	2013年国家技术发明奖
		耿金花	吕锡元	丁丽丽	
基本不充分信息的机器学习理论与方法研究	计算机科学与技术系	周志华	陈松灿	张敏灵	2013年国家自然科学奖
		黎　铭	谭晓阳		

第三节　南京大学国家级科研机构

南京大学目前拥有一个国家实验室、一个国家协同创新中心、七个国家重点实验室、一个国家工程技术研究中心、三个江苏省协同创新中心以及四十余个部省级重点实验室和工程中心。其中南京微结构实验室(筹)以南京大学固体微结构物理和现代配位化学两个国家重点实验室为基础,吸纳了8个国家重点学科中的相关力量,组建综合研究平台,从事微结构科学研究。该国家实验室的建设是南大为整合资源,创新机制,改革科研组织模式,提高原始创新能力,解决重大科学问题而进行的重要探索。

南京大学国家重点实验室

名称	依托单位
固体微结构物理国家重点实验室	物理学院
计算机软件新技术国家重点实验室	计算机科学与技术系
现代配位化学国家重点实验室	化学化工学院
医药生物技术国家重点实验室	生命科学学院
内生金属矿床成矿机制研究国家重点实验室	地球科学与工程学院
污染控制与资源化研究国家重点实验室	环境学院
生命分析化学国家重点实验室	化学化工学院

国家有机毒物污染控制与资源化工程技术研究中心

国家遗传工程小鼠资源库

国家有机毒物污染控制与资源化工程技术研究中心主要围绕国家可持续发展的整体目标,集聚行业高水平专业技术人才,建立具有国际化先进水平的有机毒物污染控制与资源化技术研发、孵化、转化和辐射平台。该中心围绕保障重点流域水质安全和公众健康、支撑传统产业可持续发展等方面开展工作,引领江苏省环保产业发展。

国家遗传工程小鼠资源库是"十五"国家科技攻关项目,总投资5000万元,2005年通过国家科技部验收。该资源库是国内规模最大的转基因小鼠技术服务中心、亚洲规模最大的基因剔除小鼠技术服务中心、国际上最大的小鼠品质资源中心之一(500余种),拥有糖尿病、肿瘤、心血管疾病、肥胖症、发育缺陷等300多种人类疾病的动物模型,已经成为支撑国内开展转基因、基因剔除、药物筛选和新药研制等工作的重要平台。

第四节　中国南海研究协同创新中心入选"2011计划"

"2011计划"也称"高等学校创新能力提升计划",是继"985工程"、"211工程"之后,中国高等教育系统启动的第三项国家工程,针对新时期中国高校已进入内涵式发展的新形势的又一项体现国家意志的重大战略举措。

2013年5月,中国南海研究协同创新中心入选教育部首批"2011计划"。该中心以国家重大战略需求为导向,以多学科协同创新中心为主体,以"文理—军地—校所—校校协同"为路径,以体制机制改革为保障,全力打造集学术创新体、高端智库、人才培养基地、国际交流对话四大功能与目标于一身的中国特色新型智库。

中国南海研究协同创新中心揭牌仪式

第十三章　文化传承创新成果

概 述

南京大学在办学过程中,始终重视对传承中华文化、弘扬民族精神有重大作用的基础研究,加强文献资料的整理研究,推出了一批对文化传承创新具有重大影响的标志性成果。

南京大学哲学社会科学基础研究依托学科优势,通过战略规划和顶层设计,确立了"出精品、创一流"的指导思想,一大批标志性的传世之作和文献整理工程相继问世,在国内外学术界产生了较大的影响,为中华文化的传承与哲学社会科学的繁荣发展做出了重大贡献。

近年来,南京大学教师主持的《全清词·顺康卷》《中华民国史》《新时代英汉大词典》《南京大屠杀史料集》《中国佛教通史》等重要的哲学社会科学研究成果陆续出版,在我国人文社科界产生了重要影响。

《中国佛教通史》

《中华民国史》

第一节　原创性、基础性工程——《中国思想家评传丛书》（200部）

被誉为世纪之交"规模最大的中国传统思想文化研究工程"的《中国思想家评传丛书》（200部）由已故的著名思想家、教育家、社会活动家、南京大学名誉校长匡亚明于20世纪80年代发起编撰，并于2006年编撰完成并整体出版。《丛书》前后历时20年，海内外知名学者共同撰著，全面研究和总结了从孔夫子到孙中山的中国传统思想文化历程，展现了中华文化源远流长、博大精深的万千气象，揭示了强化中华民族凝聚力的思想精髓和民族精神，被国务委员陈至立誉为"中国传统文化研究一项重大原创性、基础性工程"。

江泽民视察《中国思想家评传丛书》

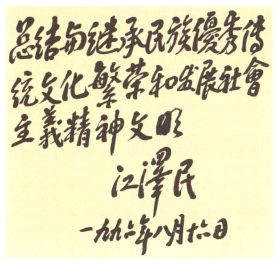

江泽民同志为《中国思想家评传丛书》题词

《中国思想家评传丛书》荣获首届
"中国出版政府奖图书奖"

1986年，匡亚明（左二）与中国思想家研究中心研究人员讨论《中国思想家评传丛书》编写大纲

2006年，在南京举行的该丛书200部整体出版座谈会

1996年5月，《中国思想家评传丛书》出版50部新闻发布会在北京人民大会堂举行

第二节　中国出版政府奖图书奖作品

中国出版政府奖图书奖是我国新闻出版领域的最高奖，该奖始于2007年，每三年评选一次，旨在表彰和奖励国内新闻出版业优秀出版物、出版单位和个人。南京大学多次获得该奖项。

　　《册府元龟》（校订本）共12册，1500余万字，是由周勋初教授主持的、迄今中国学者采用新式标点和科学整理方法完成的最为宏大的单体古籍整理工程。

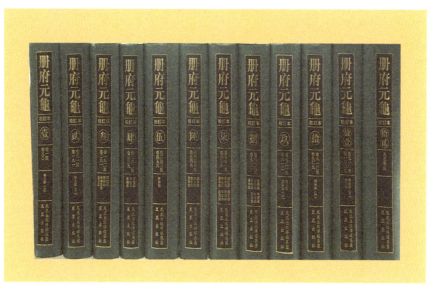

《册府元龟》（校订本）

　　《古希腊悲剧喜剧全集》八卷，共300余万字，由张竹明教授主译，是国内首次出版收录所有存世古希腊戏剧剧本的中文译本，全部从古希腊原文译出，填补了国内相关领域的学术和出版空白。

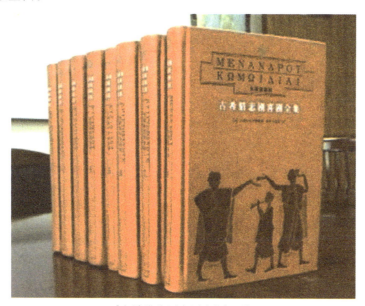

《古希腊悲剧喜剧全集》八卷

　　《清代东南书院与学术及文学》为南京大学中文系中国古典文献学专业徐雁平著作，全面、深入地研究了清代江苏、安徽、浙江三省书院的发展，在此基础上系统梳理了书院与学术及文学的关系。

《清代东南书院与学术及文学》

第三节　南京大屠杀史料集

　　《南京大屠杀史料集》78卷，由南京大学中华民国史研究中心主任张宪文教授主持，近百位专家、学者历时10年编制而成。该书获得教育部高校科学研究优秀成果（人文社会科学）一等奖，被评为南京首届"十大文化精品"。

《南京大屠杀史料集》首发式

《南京大屠杀史料集》第29～55卷发行式

2009年,《南京大屠杀史料集》荣获教育部科学研究优秀成果(人文社科)一等奖

《南京大屠杀史料集》

第四节 教育部高等学校人文社会科学研究成果奖名录

1995年,教育部设立了中国高校人文社会科学研究优秀成果奖。2008年,经国务院批准,更名为高等学校科学研究优秀成果奖(人文社会科学)。这是教育部为表彰高校取得突出成绩的人文社会科学工作者,鼓励高校科研人员严谨治学、勇于创新、铸造精品,推动高校哲学社会科学事业繁荣发展的一项重大举措。该奖项每三年评选一次,迄今已成功评选了六届,共有3320项优秀成果获奖。由于组织严密、程序公正,历届获奖成果都具有较高的公信力和影响力,高校普遍将其视为哲学社会科学领域的最高奖项。南京大学获此奖项总数位于全国高校前列。

教育部高等学校人文社会科学研究成果奖

第一届(一等奖)	
程千帆诗论选集	程千帆、张伯伟
中国文化在启蒙时期的英国	范存忠
元朝史	韩儒林、陈得芝
在传统与变革之间——英国文化模式溯源	钱乘旦、陈晓律
农村劳动力的剩余及其出路	宋林飞
第一届(二等奖)	
禅宗思想的形成与发展	洪修平
非洲经济社会发展战略问题研究	张同铸
中西法律文化比较研究	张中秋
敦煌古俗与民俗流变	高国藩
西域史上的一个幻影——"伊斯兰神圣国家"或"和卓时代"考实	魏良弢
东方的智慧——东方自然观与科学的发展	林德宏
探索者道路的探索	孙伯鍨
情绪:创造社的诗学宇宙	朱寿桐
苏联反法西斯战争小说史	陈敬勇
经济运行的均衡与非均衡分析	洪银兴
R&D资源投入统计初探	施建军
中国近代会党史研究	蔡少卿
社会改革控制论	童星
第二届(二等奖)	
江湖诗派研究	张宏生

中国现代比较戏剧史	胡星亮等
英国福利制度的由来与发展	陈晓律
市场经济条件下的经济发展	洪银兴
中国共产党经济思想史论	卫兴华、洪银兴
叶尔羌汗国史纲	魏良弢
核心期刊概论	叶继元
第三届(二等奖)	
中国当代审美文化研究	周宪
中国话剧与中国戏曲	胡星亮
东汉——隋常用语演变研究	汪维辉
回到马克思——经济学语境中的哲学话语	张异宾
卢卡奇与马克思	孙伯鍨
第四届(一等奖)	
人力资源管理研究	赵曙明
第四届(二等奖)	
新时代英汉大辞典	张柏然
中国现代戏剧总目提要	董健
新编美国文学史(4卷)	刘海平
新增长理论与中国经济增长	沈坤荣等
20世纪中国的出版研究	张志强
第五届(一等奖)	
南京大屠杀史料集	张宪文、张生、张连红、杨夏鸣、王卫星、马振犊
第五届(二等奖)	
《齐民要术》词汇语法研究	汪维辉
《说文解字注》整理本	许惟贤(整理)
论唐代的规范诗学	张伯伟
审美现代性批判	周宪
察合台汗国史研究	刘迎胜
市场秩序和规范	洪银兴
长三角托起的中国制造	刘志彪、姜宁、郑江淮
中国旧书业百年	徐雁
端方与清末新政	张海林

第六届（一等奖）	
中国佛教通史（15卷本）	赖永海、杨维中、王月清、陈永革、圣凯、刘立夫等
二十世纪出土玺印集成	周晓陆（主编）
行政伦理的观念与视野	张康之
第六届（二等奖）	
翻译学概论	许钧、穆雷（主编）
关于建构百年文学史的几点意见和设想	丁帆
当代中外比较戏剧史论（1948—2000）	胡星亮
被牺牲的"局部"：淮北社会生态变迁研究（1680—1949）	马俊亚
中国经济的转型与增长——1978—2008年的经验研究	沈坤荣等
Price competition, cost and demand disruptions and coordination of a supply chain with one manufacturer and two competing retailers	肖条军、齐向彤
贸易与道德：中美文化产品争端的法律分析	彭岳
执政党与大众传媒——基于党的执政能力建设的研究	丁柏铨、陈堂发、夏雨禾等
网络信息计量理论、工具及应用	孙建军、李江（主编）

第十四章　社会服务

概　述

社会服务是大学的基本功能之一。"立足江苏、辐射全国"是南京大学服务地方经济社会发展的重要战略方针，依托学科优势和智力优势，主动加强社会服务，力求通过高水平、高质量的人才服务、科技服务、文化服务、决策服务和信息服务，进一步发挥大学在经济建设和社会进步中的智囊团和思想库作用，使学校成为实施科教兴国战略的生力军和区域创新体系的引领者。

第一节　南大首创的产业园和工作站

南京大学面向国民经济主战场，以服务国家和地方建设的率先意识、机遇意识、创新意识和贡献意识，在区域创新体系中充分发挥研究型大学的优势，在产学研合作中探索出一条南京大学的特色之路。

2003年，在全国首创"学士流动站"；

2005年，在全国高校中率先设立联合"技术创新基金"；

2006年，在全国首创将教育部工程中心建在地方产业区；

2007年，在全省首创"企业院士工作站"；

2008年，科技成果转化中心获批全省高校第一个科技部"国家技术转移示范机构"；

2009年，科技成果转化中心获中国技术市场协会"金桥奖"；

2008—2010年，中国高校产学研合作十大优秀案例位列第一；

2011年，科技成果转化中心获"中国产学研合作促进奖"。

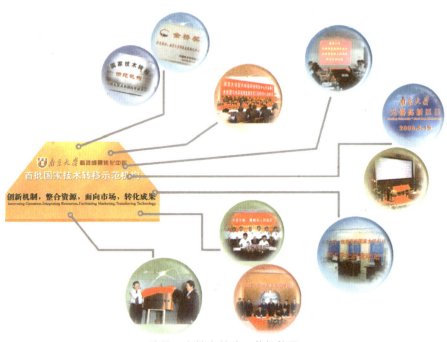

首批国家技术转移示范机构图

企业院士工作站

第二节　服务地方成果

　　南京大学在"服务江苏"的战略布局中，与省内11个地级市签订全面合作协议，并针对各地主导产业发展方向以及园区特色产业分布，共建了20个政产学研合作平台，成为地方经济社会发展中领航、护航和助航的技术创新引擎。

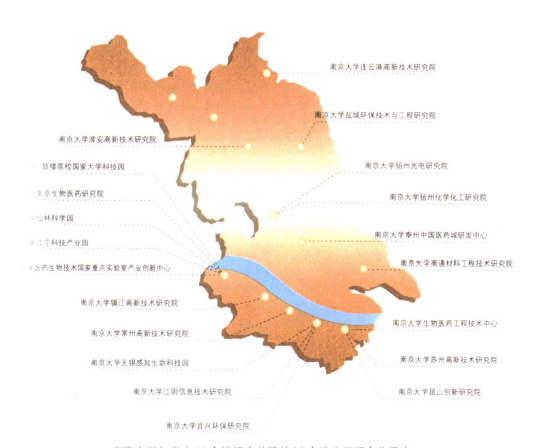

南京大学连云港高新技术研究院
南京大学盐城环保技术与工程研究院
南京大学淮安高新技术研究院
鼓楼高校国家大学科技园
南京生物医药研究院
仙林科学园
江宁科技产业园
药物技术国家重点实验室产业创新中心
南京大学扬州光电研究院
南京大学扬州化学化工研究院
南京大学泰州中国医药城研发中心
南京大学南通材料工程技术研究院
南京大学镇江高新技术研究院
南京大学生物医药工程技术中心
南京大学常州高新技术研究院
南京大学无锡感知生命科技园
南京大学苏州高新技术研究院
南京大学江阴信息技术研究院
南京大学昆山创新研究院
南京大学宜兴环保研究院

南京大学与省内11个地级市共建的20个政产学研合作平台

第十五章　国际化办学

概　述

  自20世纪初建校以来,南京大学就一直是中国开展国际交流与合作最活跃的大学之一,与世界上众多一流大学和高水平科研机构建立了紧密的协作关系。同时,南京大学也非常重视与台港澳地区高校、科研机构、社会团体的交流合作,成为内地高校对台港澳地区教育交流的重要基地。在新的形势下,南京大学将"国际化"确立为学校的发展战略和创建世界一流大学的突破口,着力推进宽领域、多渠道的国际及台港澳交流与合作。截至2013年底,南京大学共与30多个国家和地区的约280所高等学校和科研机构签订了合作协议或备忘录。

第一节　学生海外交流

  学生国际化是南京大学国际化发展战略的重要组成部分。南大不断扩大留学生教育规模,提高留学生培养质量,以一流的师资、优良的教育质量、丰富的课程类型和齐全的专业设置为留学生提供良好的学习、生活环境;同时学校积极争取国内外资源,有重点、分步骤推进学生派出项目的有序开展,推动学生走向国际舞台,展现南大学子风采。

一、留学生教育

  南京大学以培养对中国文化有认同感的友好使者和在国际舞台上有话语权的高层次人才为目标,形成了具有南京大学特色的海外高层次人才培养教学模式,培养出一大批了解中国、对中国颇为友好的汉学家、外交官、政治活动家和大学教授等,为我国的经济文化发展和改革开放做出了重要贡献。

  随着全球化进程的快速发展,各国间政治、科技、教育交流与合作日益频繁,留学生教育规模也随之不断增长,南京大学也在不断提升留学生教育的办学规模和质量。经过近半个世纪的发展,南京大学先后接受了来自120多个国家和地区的20000余名国际学生,培养和造就了一批具有较高汉语水平及中国文化素养的国际人才。

外国留学生毕业、入学和在校人数一览

		毕业人数	入学人数	在校人数
总计		1516	2470	3021
其中:女		803	1334	1630
按学历分	小计	171	599	1277
	专科	0	0	0
	本科	65	266	658
	硕士研究生	94	270	496
	博士研究生	12	63	123
培训		1345	1871	1744
按大洲分	亚洲	711	1089	1602
	非洲	4	20	29
	欧洲	324	566	544
	北美洲	459	734	792
	南美洲	8	19	22
	大洋洲	10	42	32
按经费来源分	国际组织资助	0	0	0
	中国政府资助	72	260	313
	本国政府资助	0	0	1
	学校间交换	133	277	258
	自费	1311	1933	2449

(数据截至2013年)

1995年,22名来自新加坡工商界的高级管理人员获我校颁发的MBA证书。这是我国向国外授予的第一批工商管理硕士学位

2006年,南京大学留学生参加仙林校区奠基典礼

二、南京大学学生交流项目

2008—2012年，南京大学学生通过校际学生交流项目赴国外友好学校进行一个学期及以上时间交流学习的总人数达1127人（不含台港澳地区）。重点交流国家为美国、德国、英国、法国、澳大利亚、日本和韩国。据不完全统计，学校与国外知名高校或学术机构执行的长期校际学生国际交流项目已达103个，短期国际交流项目合

2007年，第一届优秀留学本科奖学金颁奖留念

计约为35个。截至2012年底，南京大学已有43名同学成功获得欧盟全额奖学金资助，赴欧洲著名学府交流学习或攻读硕士学位。

三、校际合作

2008年3月，英国谢菲尔德大学校长代表团访问南京大学，双方代表共同签署了合作备忘录，推动两校的合作迈上新台阶。谢菲尔德大学与南京大学、北京语言文化大学于2007年1月联合建立了谢菲尔德大学孔子学院。2013年4月10日，南京大学与乔治·华盛顿大学共建的孔子学院揭牌仪式在离白宫不远的乔治·华盛顿大学校区举行。乔治·华盛顿大学孔子学院是我国在美国首都华盛顿特区成立的首家孔子学院，也是我校在海外共建的第八所孔子学院。

2008年3月，陈骏校长会见英国谢菲尔德大学校长代表团

2013年4月10日,洪银兴书记参加乔治·华盛顿大学孔子学院揭幕仪式

2008年10月"南京大学—纽约大学理工分校创新创业学院签约仪式暨两校联合基金捐赠仪式"隆重举行。作为两校国际化办学的重要合作平台,学院由双方共同设立的管理委员会负责管理,旨在加强创新人才的联合培养,促进双方科学研究成果的产业化。

2008年10月,南京大学—纽约大学理工分校创新创业学院签约仪式暨两校联合基金捐赠仪式

2010年7月,南京大学在德国哥廷根大学、英国南安普顿大学和剑桥大学举办"欧洲·南京大学周"综合性大型活动,这是中国名校第一次独家走进欧洲,主动全面地展示中国教育和文化。

洪银兴书记带队前往欧洲名校举办"欧洲·南京大学周"活动

南京大学民乐团在"欧洲·南京大学周"期间成功演出

2011年12月,陈骏校长赴日参加东亚研究型大学协会第17届年会及29届理事会。会上,南京大学被推举为理事会副主席单位,陈骏校长当选理事会副主席。

陈骏校长(右一)赴日参加东亚研究型大学协会第17届年会及29届理事会合影

第二节　台港澳交流

　　南京大学积极选派学生赴台港澳高校交换学习或参加学术、文化交流活动，大力推进对台港澳地区的学生交流。同时，南京大学一直积极邀请台港澳青年学生来校交流、主题涉及历史文化、经济、建筑、摄影、艺术、地理、体育等多个领域。

　　2008年以来，南京大学已与台港澳地区28所知名高校，开展三个月以上学生交流项目，并鼓励政府管理学院、新闻传播学院、商学院、文学院等多个院系和境外高水平大学对口院系开展院系级的学生交流项目，2008—2012年间已有近700名学生赴台港澳地区交换学习。同时，南京大家接收近400名台港澳学生来校交换学习，并接待200多批4000余名台港澳青年学生来南京大学参加活动。

　　自2004年始，南京大学每年举行港澳大、中学生国情教育班，迄今已有1200余名港澳学生参与。图为2008年8月在我校举办的"未来之星——香港大学生国情研修班"结业典礼

2011年3月，南京大学在台湾举办"台湾·南京大学周"，包括南京大学教授讲座、南京大学台北话春联谊会、佛光山佛学讲座等多项大型活动，这是大陆高校首次在台举办此类大型文化交流活动。图为洪银兴书记在"台湾·南京大学周"系列活动中做教授公开讲座

两岸三地绿色校园活动

为共同在大学教学、科研、校园建设等环节融入绿色理念、建设绿色校园，2011年6月，南京大学携手台湾中央大学、香港中文大学联合发起成立"两岸三地绿色大学联盟"，发表《绿色大学联盟宣言》，签署合作协议，结合三校资源，通过融汇绿色理念、建立平台，创造绿色研究和绿色教育的合作机会。在合作方式上，该联盟每年将进行三方研讨会，由三校轮流主办，讨论不同绿色主题，并组成共同研究团队，结合三校特色，深化现有合作项目，并开启新的研究计划。在学生交流方面，三校将共同举办环保交流营、跨校绿色课程体验、研究生参与绿色研究计划、绿色挑战杯竞赛、绿色大使交流活动等。

2011年6月，两岸三地著名高校校长，在南京大学举办的
"两岸三地绿色大学联盟"合作协议签署仪式暨开幕典礼上合影

第十六章 杰出校友

概 述

　　开拓、创新、敢为天下先，是南京大学一直倡导的学风、校风。由南大培养的和在南大工作过的校友中，有许多人在我国国防和科学技术方面做出了杰出的贡献，并获得了许多至高的荣誉。

第一节 "两弹一星"功勋奖章获得者

　　1999年9月18日，江泽民总书记等党和国家领导人给为研制"两弹一星"做出杰出贡献的科技专家颁发功勋奖章，全国有23位科学家获此殊荣，其中南京大学校友是：朱光亚、任新民、黄纬禄、钱骥和程开甲。

1964年10月16日，周恩来总理在人民大会堂庆祝我国第一颗原子弹爆炸成功

江泽民总书记给"两弹一星"功勋奖章获得者发奖

"两弹一星"功勋奖章

第二节　获得国家最高科学技术奖励的校友

国家最高科学技术奖于2000年设立,并设立国家科学技术奖励委员会,聘请有关方面的专家、学者组成评审委员会,负责评审工作并报请国家主席签署,颁发证书和奖金。国家最高科学技术奖授予在当代科学技术前沿取得重大突破或者在科学技术发展中有卓越建树,在科学技术创新、科学技术成果转化和高技术产业化中创造巨大经济效益或者社会效益的科学技术工作者。每届不超过2名的国家最高科学技术奖是中国科技界的最高荣誉。目前,已有5名南京大学校友获此殊荣。

刘东生——黄土之父

刘东生,男,中共党员,1917年11月22日出生于辽宁省。1942年毕业于西南联合大学地质地理气象系,1945年任中央地质调查所技佐,其间就读于中央大学理学院,是地球环境科学研究领域的专家,创立了黄土学,平息了170多年来的黄土成因之争,被誉为"黄土之父"。1980年当选中国科学院院士,1991年当选第三世界科学院院士,1996年当选欧亚科学院院士。为中国科学院地质与地球物理研究所研究员。2003年荣获国家最高科学技术奖。

2004年2月20日,中共中央、国务院在北京隆重举行国家科学技术奖励大会。中共中央总书记、国家主席胡锦涛为获得2003年度国家最高科学技术奖的刘东生(右)、王永志颁奖并合影

闵恩泽——催化人生

闵恩泽,男,1924年2月出生,教授级高工,1946年毕业于中央大学化工系。主要从事石油炼制、催化剂制造技术领域研究,是我国炼油催化应用科学的奠基者、石油化工技术自主创新的先行者、绿色化学的开拓者。1980年当选为中国科学院院士,1993年当选为第三世界科学院院士,1994年当选为中国工程院院士,现为中国石油化工股份有限公司石油化工科学研究院高级顾问。荣获2007年度国家最高科学技术奖。

2008年1月8日,中共中央、国务院在北京隆重举行国家科学技术奖励大会。中共中央总书记、国家主席胡锦涛为获得2007年度国家最高科学技术奖的闵恩泽颁奖

吴良镛——行万里路,谋万家居

　　吴良镛,男,1922年5月出生于江苏省南京市。1944年毕业于中央大学建筑系。1946年协助梁思成创建清华大学建筑系。1949年毕业于美国匡溪艺术学院,获硕士学位。1950年回国投身新中国建设,是我国著名的建筑学家、城乡规划学家和教育家,人居环境科学的创建者。1980年当选中国科学院院士,1995年当选中国工程院院士。曾任清华大学建筑系主任、中国建筑学会副理事长、中国城市规划学会理事长,以及国际建筑师协会副主席、世界人居学会主席等职。现任清华大学建筑与城市研究所所长、人居环境研究中心主任。荣获2011年度国家最高科学技术奖。

2012年2月14日,中共中央、国务院在北京隆重举行国家科学技术奖励大会。中共中央总书记、国家主席胡锦涛为获得2011年度国家最高科学技术奖的吴良镛(左)、谢家麟颁奖并合影

程开甲——"两弹一星"功勋

　　程开甲,男,1918年8月出生,江苏吴江人,1941年毕业于浙江大学物理系,1946年留学英国,1948年获英国爱丁堡大学哲学博士学位,任英国皇家化学工业研究所研究员。1950年回国后,历任浙江大学物理系副教授,南京大学物理系教授、副主任,二机部第九研究所副所长、第九研究院副院长,中国核试验基地研究所副所长、所长,基地副司令员,国防科工委科技委常任委员、顾问,现任总装备部科技委顾问。著名物理学家,是我国核试验科学技术的创建者和领路人。1980年当选中国科学院数学物理学部委员(院士),1999年获"两弹一星"功勋奖章。荣获2013年度国家最高科学技术奖。

2014年1月10日,2013年度国家科学技术奖励大会在北京人民大会堂隆重举行。中共中央总书记、国家主席、中央军委主席习近平向获得2013年度国家最高科学技术奖的中国科学院院士程开甲颁奖

张存浩——科学报国追梦人

　　张存浩,男,1928年2月出生,山东无棣人,1947年毕业于中央大学化工系,1948年留学美国,1950年获美国密西根大学硕士学位。1950年回国后,历任中国科学院大连化学物理所所长,国家自然科学基金委员会主任,中国科学院学部主席团成员及化学部主任,中国科协副主席,国务院学位委员会委员,国际纯粹与应用化学联合会执行局成员等职。著名物理化学家,我国高能化学激光的奠基人、分子反应动力学的奠基人之一,主持研制出我国第一台氟化氢(氘)化学激光器。现任中国科学院大连化学物理研究所研究员。1980年当选中国科学院化学部学部委员(院士),1992年当选第三世界科学院院士。荣获2013年度国家最高科学技术奖。

2014年1月10日,2013年度国家科学技术奖励大会在北京人民大会堂隆重举行。中共中央总书记、国家主席、中央军委主席习近平向获得2013年度国家最高科学技术奖的中国科学院院士张存浩颁奖

附 录

一、南京大学及其前身历任校长

中央大学及其前身历任校长

缪荃孙 三江师范学堂总稽查（1902）

陈三立 三江师范学堂总稽查（1902）

李瑞清 两江师范学堂监督（1905—1911）

江 谦 南京高等师范学校校长（1914—1919）

郭秉文 南京高等师范学校暨东南大学校长（1919—1925）

张乃燕 国立中山大学、江苏大学及中央大学校长（1927—1930）

朱家骅 中央大学校长（1930—1931）

李四光 中央大学代校长（1932）

罗家伦 中央大学校长（1932—1941）

顾孟余 中央大学校长（1941—1943）

蒋介石 中央大学永久名誉校长兼校长（1943—1944）

顾毓琇 中央大学校长（1944—1945）

吴有训 中央大学校长（1945—1947）

周鸿经 中央大学校长（1948—1949）

金陵大学及其前身历任校长

福开森 汇文书院院长（1888—1896）

师图尔 汇文书院院长（1896—1907）

包 文 汇文书院院长,金陵大学校长（1907—1927）

陈裕光 金陵大学校长（1927—1951）

李方训 金陵大学校长、校委会主任委员（1951—1952）

南京大学历任校长、党委书记

梁　希 国立南京大学校务委员会主席（1949—1951）

潘　菽 南京大学校长（1951—1957）

孙叔平 南京大学党委书记（1953—1955）

陈毅人 南京大学党委书记（1955—1957）

郭影秋 南京大学校长兼党委书记（1957—1963）

匡亚明 南京大学校长兼党委书记（1963—1966）

彭　冲 南京大学党委书记（1966—1968）

方　敏 南京大学革委会主任（1968—1970）

王　勇 南京大学党委书记（1970—1975）

周　林 南京大学党委书记兼革委会主任（1975—1978）

匡亚明 南京大学校长兼党委书记（1978—1982）

郭令智 南京大学代校长（1983—1984）

章　德 南京大学党委书记（1982—1984）

曲钦岳 南京大学校长（1984—1997）

陆渝蓉 南京大学党委书记（1986—1989）

韩星臣 南京大学党委书记（1990—2003）

陈　懿 南京大学代校长（1996—1997）

蒋树声 南京大学校长（1997—2006）

洪银兴 南京大学党委书记（2003—2014）

陈　骏 全国人大常委会委员、南京大学校长（2006—　　）

张异宾 南京大学党委书记（2014—　　）

二、名誉博士

南京大学授予国(境)外著名学者和政治家"名誉博士"一览

姓名	国籍	批准号	称号	授予时间
吴健雄	美国	(84)学位字019号	名誉博士	1984.12.15
袁家骝	美国	(85)学位字006号	名誉博士	1985.06.22
霍克	澳大利亚	(86)学位字007号	名誉博士	1986.05.22
李远哲	美国	(87)学位字011号	名誉博士	1987.05.09

姓名	国籍	批准号	称号	授予时间
许靖华	美国	(87)学位字013号	名誉博士	1987.05.09
乔治·布什	美国	学位[1998]37号	名誉博士	1998.06.16
布托·加利	出生在埃及	学位[2001]32号	名誉博士	2001.12.21
约翰内斯·劳	德国	学位[2003]59号	名誉博士	2003.09.10
吴伯雄	台湾地区	学位[2009]22号	名誉博士	2009.05.25
安格拉·默克尔	德国	学位[2009]22号	名誉博士	2009.05.25
潘基文	韩国	学位[2010]42号	名誉博士	2010.09.02
戴维·约翰斯顿	加拿大	学位[2011]68号	名誉博士	2011

三、星光璀璨

小行星名称	命名时间	国际编号	发现时间
张钰哲星	1978年8月	2051	1976年10月23日
吴健雄星	1990年5月18日	2752	1965年9月20日
戴文赛星	1994年5月	3405	1964年10月30日
曲钦岳星	1999年7月9日	3513	1965年10月16日
南京大学星	2002年5月16日	3901	1958年4月7日
朱光亚星	2004年12月25日	10388	1996年12月25日
茅以升星	2006年1月8日	18550	1997年1月9日
赵九章星	2007年10月30日	7811	1982年2月23日
苏定强星	2009年2月9日	19366	1997年11月6日
李四光星	2009年10月4日	137039	1998年10月26日
叶笃正星	2010年5月4日	27895	1996年
方成星	2010年9月20日	185538	2007年12月14日
孙义燧星	2010年9月20日	185640	2008年3月1日
冯端星	2012年5月15日	187709	2008年3月3日
闵乃本星	2013年12月20日	199953	2007年4月18日
黎介寿星	2014年4月25日	192178	2007年3月10日

在茫茫宇宙中,目前已有十六颗小行星的命名与南京大学有关,包括"南京大学星"、"吴健雄星"、"李四光星"等。小行星是目前各类天体中唯一可以根据发现者意愿进行提名,并经国际组织审核批准,从而得到国际公认的天体。由于小行星命名的严肃性、唯一性和永久不可更改性,使得能够获得小行星命名成为世界公认的一项殊荣。

四、曾在南京大学及其前身学习、工作过的两院院士名录

姓名	性别	出生日期	当选时间	所属部类	专长方向
钱崇澍	男	1883.11	1955	中国科学院学部委员	植物学
梁 希	男	1883.12	1955	中国科学院学部委员	林学
赵承嘏	男	1885.12	1955	中国科学院学部委员	药物化学
秉 志	男	1886.04	1955	中国科学院学部委员	动物学
李四光	男	1889.10	1955	中国科学院学部委员	地质学
竺可桢	男	1890.03	1955	中国科学院学部委员	气象学、地理学
陈焕镛	男	1890.07	1955	中国科学院学部委员	植物学
周 仁	男	1892.08	1955	中国科学院学部委员	冶金学、陶瓷学
戴芳澜	男	1893.05	1955	中国科学院学部委员	真菌学
陈 桢	男	1894.02	1955	中国科学院学部委员	动物学
庄长恭	男	1894.12	1955	中国科学院学部委员	有机化学
金善宝	男	1895.07	1955	中国科学院学部委员	农学
张景钺	男	1895.10	1955	中国科学院学部委员	植物学
茅以升	男	1896.01	1955	中国科学院学部委员	桥梁工程
胡经甫	男	1896.11	1955	中国科学院学部委员	昆虫学
杨惟义	男	1897.04	1955	中国科学院学部委员	昆虫学
吴有训	男	1897.04	1955	中国科学院学部委员	物理学、教育学
汪胡桢	男	1897.07	1955	中国科学院学部委员	水利学
潘 菽	男	1897.07	1955	中国科学院学部委员	心理学
汤飞凡	男	1897.07	1957	中国科学院学部委员	微生物学
李继侗	男	1897、08	1955	中国科学院学部委员	植物学、生态学
刘敦桢	男	1897.09	1955	中国科学院学部委员	现代建筑学、建筑史
蔡 翘	男	1897.10	1955	中国科学院学部委员	生理学
俞建章	男	1897.01	1955	中国科学院学部委员	地层古生物学
秦仁昌	男	1898.02	1955	中国科学院学部委员	植物学
王家楫	男	1898.05	1955	中国科学院学部委员	动物学
叶企孙	男	1898.07	1955	中国科学院学部委员	物理学
罗宗洛	男	1898.08	1955	中国科学院学部委员	植物生理学
冯泽芳	男	1899.02	1955	中国科学院学部委员	农学
恽子强	男	1899.04	1955	中国科学院学部委员	化学
曾昭抡	男	1899.05	1955	中国科学院学部委员	化学

257

姓名	性别	出生日期	当选时间	所属部类	专长方向
伍献文	男	1900.03	1955	中国科学院学部委员	动物学
张肇骞	男	1900.12	1955	中国科学院学部委员	植物学
严济慈	男	1901.01	1955	中国科学院学部委员	物理学
俞大绂	男	1901.02	1955	中国科学院学部委员	植物病理学、微生物学
戴安邦	男	1901.04	1980	中国科学院学部委员	无机化学
杨廷宝	男	1901.10	1955	中国科学院学部委员	建筑学
施汝为	男	1901.11	1955	中国科学院学部委员	物理学
张钰哲	男	1902.02	1955	中国科学院学部委员	天文学
高济宇	男	1902.05	1980	中国科学院学部委员	有机化学
童第周	男	1902.05	1955	中国科学院学部委员	实验胚胎
赵忠尧	男	1902.06	1955	中国科学院学部委员	核物理学
吴学周	男	1902.09	1955	中国科学院学部委员	物理化学
邓叔群	男	1902.12	1955	中国科学院学部委员	微生物学
李方训	男	1902.12	1955	中国科学院学部委员	物理化学
魏 曦	男	1903.12	1955	中国科学院学部委员	医学
柳大纲	男	1904.02	1955	中国科学院学部委员	无机化学、物理学
黄汲清	男	1904.03	1955	中国科学院学部委员	构造地质学
郑万钧	男	1904.06	1955	中国科学院学部委员	林学、树木学
方 俊	男	1904.10	1980	中国科学院学部委员	大地测量、地球物理学
赵宗燠	男	1904.11	1957	中国科学院学部委员	化学工程学
袁翰青	男	1905.09	1955	中国科学院学部委员	有机化学、化学史
陆学善	男	1905.09	1955	中国科学院学部委员	物理学
余瑞璜	男	1906.04	1955	中国科学院学部委员	物理学
钱临照	男	1906.08	1955	中国科学院学部委员	物理学
涂长望	男	1906.10	1955	中国科学院学部委员	气象学
戴松恩	男	1907.01	1955	中国科学院学部委员	遗传育种学
王葆仁	男	1907.01	1980	中国科学院学部委员	高分子化学
徐克勤	男	1907.03	1980	中国科学院学部委员	地质学、矿床学
袁见齐	男	1907.09	1980	中国科学院学部委员	矿床地质学
王应睐	男	1907	1980	中国科学院学部委员	生物化学
周同庆	男	1907.12	1980	中国科学院学部委员	物理学
毕德显	男	1908.12	1980	中国科学院学部委员	电子学
黄文熙	男	1909.01	1955	中国科学院学部委员	岩土工程、水工建筑
朱壬葆	男	1909.02	1980	中国科学院学部委员	生理学

姓名	性别	出生日期	当选时间	所属部类	专长方向
周慧久	男	1909.03	1980	中国科学院学部委员	金属材料、力学性能、热处理
汪 猷	男	1910.06	1955	中国科学院学部委员	有机化学
高怡生	男	1910.08	1980	中国科学院学部委员	药物化学
蔡 旭	男	1911.04	1980	中国科学院学部委员	小麦栽培、遗传育种学
盛彤笙	男	1911.06	1955	中国科学院学部委员	兽医学
钱钟韩	男	1911.06	1980	中国科学院学部委员	热自动化学
徐芝纶	男	1911.06	1980	中国科学院学部委员	工程力学
胡世华	男	1912.01	1980	中国科学院学部委员	数理逻辑学、计算机科学
翁文波	男	1912.02	1980	中国科学院学部委员	地球物理学、石油地质学
侯学煜	男	1912.04	1980	中国科学院学部委员	生态学
裘维蕃	男	1912.05	1980	中国科学院学部委员	植物病理学
吴健雄	女	1912.05	1994	中国科学院学部委员	物理学家
严 恺	男	1912.08	1955	中国科学院学部委员 中国工程院院士	水利和海岸工程
黄耀曾	男	1912.11	1980	中国科学院学部委员	有机化学
时 钧	男	1912.12	1980	中国科学院学部委员	化学工程学
汪菊渊	男	1913.04	1995	中国工程院院士	花卉园艺、园林学
杨澄中	男	1913.04	1980	中国科学院学部委员	核物理学
吴征铠	男	1913.08	1980	中国科学院学部委员	物理化学、放射化学
吴中伦	男	1913.08	1980	中国科学院学部委员	林学、森林地理学
任美锷	男	1913.09	1980	中国科学院学部委员	自然地理学、海岸科学
姜泗长	男	1913.09	1994	中国科学院学部委员	耳鼻咽喉科
徐冠仁	男	1914.03	1980	中国科学院学部委员	核农学
郑国锠	男	1914.03	1980	中国科学院学部委员	植物细胞学
张致一	男	1914.11	1980	中国科学院学部委员	生理学
郭令智	男	1915.04	1993	中国科学院学部委员	地质学
张宗燧	男	1915.06	1957	中国科学院学部委员	物理学
张钟俊	男	1915.06	1980	中国科学院学部委员	自动控制
朱显谟	男	1915.12	1991	中国科学院学部委员	土壤学
任新民	男	1915.12	1980	中国科学院学部委员	航天技术、液体火箭发动机
叶笃正	男	1916.02	1980	中国科学院学部委员	气象学
吴汝康	男	1916.02	1980	中国科学院学部委员	解剖学、人类学家
王世真	男	1916.03	1980	中国科学院学部委员	核医学
鲍文奎	男	1916.05	1980	中国科学院学部委员	作物遗传育种学

姓名	性别	出生日期	当选时间	所属部类	专长方向
张涤生	男	1915.06	1996	中国工程院院士	整复外科、显微外科、美容外科、淋巴医学
陈鉴远	男	1916.06	1993	中国科学院学部委员	化学工程
庄巧生	男	1916.08	1991	中国科学院学部委员	遗传育种学
魏荣爵	男	1916.09	1980	中国科学院学部委员	声学
黄纬禄	男	1916.12	1991	中国科学院学部委员	自动控制
陈俊愉	男	1917.09	1997	中国工程院院士	园林学、花卉
薛社普	男	1917.09	1991	中国科学院学部委员	细胞生物学
刘东生	男	1917.11	1980	中国科学院学部委员	第四纪地质学、环境地质学
童宪章	男	1918	1991	中国科学院学部委员	石油工程学
吴传钧	男	1918.04	1991	中国科学院学部委员	人文地理、经济地理学
业治铮	男	1918.04	1980	中国科学院学部委员	沉积学、海洋地质学
嵇汝运	男	1918.04	1980	中国科学院学部委员	药物化学家
阳含熙	男	1918.04	1991	中国科学院学部委员	生态学、林学
王德宝	男	1918.05	1980	中国科学院学部委员	生物化学
高　鸿	男	1918.06	1980	中国科学院学部委员	分析化学
吴中伟	男	1918.07	1994	中国工程院院士	建筑材料与土木工程
程开甲	男	1918.08	1980	中国科学院学部委员	物理学
林同骥	男	1919.02	1997	中国科学院学部委员	流体力学
朱尊权	男	1919.02	1997	中国工程院院士	烟草生产及卷烟加工工艺技术
杨立铭	男	1919.02	1991	中国科学院学部委员	理论物理学
陈学俊	男	1919.03	1980	中国科学院学部委员	热能动力工程学
汪闻韶	男	1919.03	1980	中国科学院学部委员	土力学及土坝、地基抗震专家
陶诗言	男	1919.08	1980	中国科学院学部委员	气象学
冯元桢	男	1919.09	1994	中国科学院外籍院士	力学和生物力学
陈荣悌	男	1919.11	1980	中国科学院学部委员	无机化学
曾德超	男	1919.11	1995	中国工程院院士	农业工程与农业机械化学
田在艺	男	1919.12	1997	中国科学院院士	石油地质学
陆元九	男	1920.01	1980 1994	中国科学院学部委员 中国工程院院士	陀螺及惯性导航
高由禧	男	1920.02	1980	中国科学院学部委员	气象学
戴念慈	男	1920.04	1991	中国科学院学部委员	建筑学
汤定元	男	1920.05	1991	中国科学院学部委员	物理学
颜鸣皋	男	1920.06	1991	中国科学院学部委员	材料科学

姓名	性别	出生日期	当选时间	所属部类	专长方向
陆孝彭	男	1920.08	1995	中国工程院院士	飞机设计
冯 康	男	1920.09	1980	中国科学院学部委员	数学
朱 夏	男	1920.09	1980	中国科学院学部委员	大地构造学、石油地质学
刘有成	男	1920.11	1980	中国科学院学部委员	有机化学
张广学	男	1921.01	1991	中国科学院学部委员	昆虫学
黄宗道	男	1921.02	1997	中国工程院院士	天然橡胶及热作
黄葆同	男	1921.05	1991	中国科学院学部委员	高分子化学
陈家镛	男	1922.02	1980	中国科学院学部委员	化学工程
吴良镛	男	1922.05	1980 1995	中国科学院学部委员 中国工程院院士	建筑学
胡聿贤	男	1922.10	1991	中国科学院学部委员	地震工程学
李德生	男	1922.10	1991	中国科学院学部委员	石油地质学
尹文英	女	1922.10	1991	中国科学院学部委员	昆虫学
钱 宁	男	1922.12	1980	中国科学院学部委员	泥沙运动及河床演变
楼南泉	男	1922.12	1991	中国科学院学部委员	物理化学
赵仁恺	男	1923.02	1991 1994	中国科学院学部委员 中国工程院院士	核动力工程
冯 端	男	1923.06	1980	中国科学院学部委员	凝聚态物理学
梁晓天	男	1923.07	1980	中国科学院学部委员	有机化学
夏培肃	男	1923.07	1980	中国科学院学部委员	计算机
胡海涛	男	1923.10	1994	中国工程院院士	工程地质与环境地质
陈 彪	男	1923.11	1980	中国科学院学部委员	天文学
闵恩泽	男	1924.02	1980 1994	中国科学院学部委员 中国工程院院士	石油化工
李 玶	男	1924.03	1999	中国工程院院士	地震构造
朱起鹤	男	1924.07	1995	中国科学院院士	物理化学
陆婉珍	女	1924.09	1991	中国科学院学部委员	分析化学
黎介寿	男	1924.10	1996	中国工程院院士	普通外科、医学教育
卢良恕	男	1924.11	1994	中国工程院院士	小麦育种、栽培、农业与科技发展
任继周	男	1924.11	1995	中国工程院院士	草地农业科学
朱光亚	男	1924.12	1980 1994	中国科学院学部委员 中国工程院院士	核物理学
郭燮贤	男	1925.02	1980	中国科学院学部委员	物理化学
胡宏纹	男	1925.03	1995	中国科学院院士	有机化学

姓名	性别	出生日期	当选时间	所属部类	专长方向
李季伦	男	1925.03	1995	中国科学院院士	微生物学
文伏波	男	1925.08	1994	中国工程院院士	水利工程
周　镜	男	1925.12	1994	中国工程院院士	岩土工程
刘大钧	男	1926.07	1999	中国工程院院士	作物遗传育种
王业宁	女	1926.10	1991	中国科学院学部委员	物理学
黎磊石	男	1926.10	1994	中国工程院院士	肾脏病学
黄熙龄	男	1927.04	1995	中国工程院院士	岩土工程
王德滋	男	1927.06	1994	中国工程院院士	岩石学
童秉纲	男	1927.09	1997	中国科学院院士	流体力学
程镕时	男	1927.10	1991	中国科学院学部委员	高分子物理及物理化学
张存浩	男	1928.02	1980	中国科学院学部委员	物理化学
乔登江	男	1928.03	1997	中国工程院院士	核技术应用
戴复东	男	1928.04	1999	中国工程院院士	建筑学与建筑设计
戴元本	男	1928.07	1980	中国科学院学部委员	理论物理、粒子物理学
陆熙炎	男	1928.08	1991	中国科学院学部委员	有机化学
伦世仪	男	1928.11	1995	中国工程院院士	发酵工程
蒋亦元	男	1928.11	1997	中国工程院院士	农业机械化
刘广润	男	1929.04	1980	中国工程院院士	工程地质
章　综	男	1929.05	1980	中国科学院学部委员	物理学
张本仁	男	1929.05	1999	中国科学院院士	地球化学
经福谦	男	1929.06	1991	中国科学院学部委员	物理学
钟训正	男	1929.07	1997	中国工程院院士	建筑学
刘振兴	男	1929.09	1995	中国科学院院士	空间物理学
陆钟武	男	1929.10	1997	中国工程院院士	冶金热能工程和工业生态学
吴培亨	男	1929.11	2005	中国科学院院士	超导电子学
章基嘉	男	1930.01	1994	中国工程院院士	大气科学
朱森元	男	1930.10	1995	中国科学院院士	液体火箭发动机
丁衡高	男	1931.02	1994	中国工程院院士	惯性技术和精密仪器
孙曼霁	男	1931.08	1991	中国科学院学部委员	生化药理学
江元生	男	1931.08	1991	中国科学院学部委员	物理化学
徐寿波	男	1931.10	2001	中国工程院院士	综合能源工程学、技术经济学、综合物流工程学
齐　康	男	1931.10	1993	中国科学院学部委员	建筑学、建筑教育
薛禹群	男	1931.11	1999	中国科学院院士	水文地质学

姓名	性别	出生日期	当选时间	所属部类	专长方向
许绍燮	男	1932.01	1999	中国工程院院士	地震学
陆埮	男	1932.02	2003	中国科学院院士	天体物理学
何凤生	男	1932.06	1994	中国工程院院士	职业神经病学
龚昌德	男	1932.07	2005	中国科学院院士	物理学
冯宗炜	男	1932.09	2003	中国工程院院士	森林生态学和环境生态学
茆智	男	1932.09	2003	中国工程院院士	节水灌溉工程
巢纪平	男	1932.10	1995	中国科学院院士	气象学
江龙	男	1933.01	2001	中国科学院院士	物理化学
周志炎	男	1933.01	1995	中国科学院院士	古植物学
沈韫芬	女	1933.01	1995	中国科学院院士	原生动物学
王士雯	女	1933.03	1996	中国工程院院士	老年心脏病学和老年急救医学
时铭显	男	1933.04	1995	中国工程院院士	化学工程与装备
陈懿	男	1933.04	2005	中国科学院院士	物理化学
孙枢	男	1933.07	1991	中国科学院学部委员	地质学
袁道先	男	1933.09	1991	中国科学院学部委员	地质学
李吉均	男	1933.10	1991	中国科学院学部委员	自然地理与地貌学
章申	男	1933.10	1993	中国科学院学部委员	化学地理学(景观地球化学)
黄宪	男	1933.12	2003	中国科学院院士	有机化学
伍荣生	男	1934.01	1999	中国科学院院士	大气科学
游效曾	男	1934.01	1991	中国科学院学部委员	无机化学
陈联寿	男	1934.03	1999	中国工程院院士	大气科学
郑绵平	男	1934.11	1995	中国工程院院士	盐湖学与矿床地质学
陈毓川	男	1934.12	1997	中国工程院院士	矿床地质学
王颖	女	1935.05	2001	中国科学院学部委员	海岸海洋地貌与沉积学
曲钦岳	男	1935.05	1980	中国科学院学部委员	天体物理学
戴金星	男	1935.03	1995	中国科学院院士	天然气地质与地球化学
童晓光	男	1935.04	2005	中国工程院院士	石油地质和勘探
闵乃本	男	1935.08	1991	中国科学院学部委员	物理学
郑有炓	男	1935.10	2003	中国科学院院士	半导体材料与器件物理
张淑仪	女	1935.12	1991	中国科学院学部委员	声学
苏定强	男	1936.06	1991	中国科学院学部委员	天文学
都有为	男	1936.11	2005	中国科学院院士	磁学与磁性材料
孙义燧	男	1936.12	1997	中国科学院院士	天体力学
孙钟秀	男	1936.12	1991	中国科学院学部委员	计算机科学

姓名	性别	出生日期	当选时间	所属部类	专长方向
陈洪渊	男	1937.12	2001	中国科学院院士	分析化学
金玉玕	男	1937.12	2001	中国科学院院士	古生物学
张裕恒	男	1938.03	2005	中国科学院院士	物理学
方成	男	1938.08	1995	中国科学院院士	天体物理学
张全兴	男	1938.12	2007	中国工程院院士	环境工程学
夏德全	男	1938.12	2001	中国工程院院士	鱼类遗传育种和生物技术
符淙斌	男	1939.10	2003	中国科学院院士	气候学
方家熊	男	1939.10	2001	中国工程院院士	光传感技术
王广厚	男	1939.11	2011	中国科学院院士	原子分子与团簇物理学
安芷生	男	1941.02	1991	中国科学院学部委员	第四纪地质学家
王水	男	1942.04	1993	中国科学院学部委员	空间物理学
徐祥德	男	1942.07	2009	中国工程院院士	气象学
吴国雄	男	1943.03	1997	中国科学院院士	大气动力学和气候动力学
李济生	男	1943.05	1997	中国科学院院士	人造卫星轨道动力学和卫星测控
许健民	男	1944.08	1997	中国工程院院士	卫星气象学
邢定钰	男	1945.02	2007	中国科学院院士	物理学
阿龙·切哈诺沃	男	1947	2013	中国科学院院士	生物化学
贾承造	男	1948.03	2003	中国科学院院士	石油地质与构造地质学
赵沁平	男	1948.04	2013	中国工程院院士	虚拟现实技术与系统
祝世宁	男	1949.12	2007	中国科学院院士	功能材料学
郭华东	男	1950.10	2011	中国科学院院士	地球科学学
陈骏	男	1954.10	2013	中国科学院院士	地球化学
陈晓亚	男	1955.08	2005	中国科学院院士	植物生理学
刘丛强	男	1955.09	2011	中国科学院院士	地球化学
张经	男	1957.10	2007	中国科学院院士	化学海洋学与海洋生物地球化学
田刚	男	1958.11	2007	中国科学院院士	数学
刘志红	女	1958.12	2003	中国工程院院士	肾脏内科学
郑永飞	男	1959.10	2009	中国科学院院士	地球化学
吕建	男	1960.03	2013	中国科学院院士	计算机软件
李林	男	1961.05	2011	中国科学院院士	生物化学
吴岳良	男	1962.02	2007	中国科学院院士	理论物理学
闾成虎	男	1964.08	2013	中国工程院院士	地理信息系统与遥感应用
周忠和	男	1965.01	2011	中国科学院院士	古生物学

姓名	性别	出生日期	当选时间	所属部类	专长方向
于　全	男	1965.09	2009	中国工程院院士	无线通信
丁奎岭	男	1966	2013	中国科学院院士	有机化学

（数据统计截至2103年）

参考资料

书籍:

1.《南大逸事》,龚放、王运来、袁李来编著,辽海出版社,1999年版。

2.《南京大学百年史》,王德滋主编,南京大学出版社,2002年版。

3.《百年南大》,张异宾编著,南京大学出版社,2002年版。

4.《中国教会大学建筑研究》,董黎著,珠海出版社,1998年版。

5.《南京的建筑》,潘谷西主编,南京出版社,1995年版。

6.《南京近代建筑文化形态的特征》,刘先觉著,东南大学出版社,1992年版。

7.《传播与植根:基督教与中西文化交流论集》,章开沅著,广东人民出版社,2005年版。

8.《民国著名大学校长:1912-1949》,高伟强,余启咏,何卓恩编著,湖北人民出版社,2007版。

9.《诚真勤仁 光裕金陵——金陵大学校长陈裕光》,王运来编著,山东教育出版社,2004年版。

10.《文化传播与教会大学》,章开沅等著,湖北教育出版社,1996年版。

11.《金陵大学史料集》,南京大学高教研究所校史编写组编,南京大学出版社,1989年版。

12.《金陵大学史》,金陵大学南京校友会组编(张宪文主编),南京大学出版社,2002年版。

13.《金陵大学建校一百周年纪念册》,金陵大学南京校友会,南京大学出版社,1988年版。

14.《南雍骊珠——中央大学名师传略》,中央大学南京校友会、中央大学校友文选编纂委员会编,南京大学出版社,2004年版。

15.《孙叔平的教育思想与实践》,龚放著,南京大学出版社,2000年版。

16、《真理标准问题讨论始末》，沈宝祥著，中共党史出版社，2008年版。

17.《南京大学史》，南京大学校史编写组编写，南京大学出版社，1992年版。

18.*Hallowed Halls*：*Protestant Colleges In Old China*，Hong Kong：Old China Hand Press，1998.

文献：

19.《金陵大学60周年校庆纪念册》。

20.《金陵大学校刊》第376号，金陵大学60周年纪念8号，1948年11月30日。

21.《金陵光》，第1期，1913年4月。

22.《高教研究与探索》，封三，南京大学高教研究所，1987年校史专刊。

23.《南大校友通讯》，总第60、61期，2013年。

24.《荡气回肠中国魂——〈中国思想家评传丛书〉出版150部追述》，罗静、兰亚明，《扬子晚报》，2002年5月17日。

25.《潘菽：我国现代心理学的奠基人之一》，李令节，《光明日报》，2007年6月27日。

26.《程千帆与匡亚明》，《南京大学报》，第989期，2008年12月20日。

27.《匡亚明与"大学语文"》，《南京大学报》，第1012期，2010年4月10日。

28.《碧血沃红土、丹心铸忠魂记"西南服务团"》，《南京大学报》，2001年12月30日。

29.《百年潮》，2002年第8期。

30.《SCI学术论文南大为何七连冠》，傅振国，《人民日报》（海外版），2000年9月19日。

31.《1952年前后的南京大学》，王运来、南宣，《光明日报》，2002年5月22日。

32.《与世纪同行》，南京大学百年老新闻（1902—2001）。

33.《匡亚明诞辰一百周年画册》（1906—2006），南京大学档案馆编，2006年。

34.《郭影秋诞辰一百周年图册》（1909—2009），南京大学档案馆编，2009年。

35.《南京大学画册》，南京大学校办编，2012年。

后 记

南京大学历来重视档案工作和校史博物馆建设。在过去十几年间,校史馆接待校内外参观者近30万人次,成为学校追根溯源、校史知识传播、大学文化传承、爱国荣校教育、宣传南大走向世界的重要基地,在服务学校中心工作方面发挥了独特作用。但是,参观者由于种种原因,往往是意犹未尽,流连忘返;同时,受展示空间的限制,校史馆展示的校史内容不够全面和深入,故萌生了将校史展示的内容著书立说的念头。

《影像南大——南京大学百年图传》一书的编著,以大量的档案史料为主,记录下了南京大学的过去和现在。在本书的编写过程中,我们秉持"尊重历史"、"依据档案"的原则,以校史展出内容为基础,但不仅限于此,对校史中的重要人物、重要事件、重要馆藏等进行了深入阐述,可读性更强,内容更全面、更深入。本书的图片史料主要来源于南京大学档案馆馆藏,同时我们还深入各大图书馆、档案馆、纪念馆等,在档案、书籍、报刊中广泛查找、考证相关史料,征集、复制、拍摄资料照片等。本书不同于以往出版的校史书籍,其最大亮点是以众多的历史图片、馆藏珍品、档案史料为线索,叙述南京大学的发展沿革、办学历程、学科发展及主要成就,展示了南大历史上的那些人、那些事,部分史料图片首次公开,史料价值极高,值得广大在校学生、校友、校史研究者珍藏。

本书共分四编,十六章,由南京大学档案馆(校史博物馆)组织编著而成,吴玫馆长任主编,王瑞宇、包海峰同志任副主编,编写工作主要由树珊(第一章至第三章)、杨小妹(第四章至第五章)、胡菁羚(第六章至第八章)、姜艳(第九章至第十六章)、郁青(第四章部分内容)同志完成;档案馆的王洁、陈丹丹、孙玲玲、彭祯、雍平、吴杰、周平等同志承担了史料查找、整理、扫描等工作;第四编"今日南大"部分的照片是由王红兵、佘治骏同志拍摄的。王运来、王瑞宇、杨金荣等同志对本书进行了审阅和修改。同时,在校史馆建设中,我们得到了王运来、龚放、冒荣等一批校史研究专家的友情帮助,得到了学校相关部门的大力支持,在此表示衷心的感谢! 由于年代久远,有些历史照片的拍摄者已无法考证,如发现确定拍摄者可与我们联系。

本书的出版是在南京大学校领导的重视下,在专家们的帮助下,在档案馆同仁的努力下才得以完成的。大家经过一年的努力,克服了日常工作任务繁重的困难,按期完成了书稿的撰写工作。这是我们十几年来开展校史馆建设的一次全面总结,也是多年来校史档案研究成果的全面展示。尽管在编写过程中,我们主要依据校史展的内容深入编写,但由于编者视野、水平及馆藏资源的限制,书中还有不够完善之处,敬请大家谅解,并批评指正,待今后南京大学档案史料的不断丰富和完整,我们将进一步改进和补充。

编　者

2014 年 10 月

图书在版编目(CIP)数据

影像南大：南京大学百年图传 / 吴玫主编. -- 南
京：南京大学出版社，2014.11
ISBN 978-7-305-14227-7

Ⅰ．①影… Ⅱ．①吴… Ⅲ．①南京大学－校史 Ⅳ.
①G649.285.31

中国版本图书馆CIP数据核字(2014)第263589号

出版发行　南京大学出版社
社　　址　南京市汉口路22号　　　　　邮编　210093
出 版 人　金鑫荣

书　　名　影像南大——南京大学百年图传
主　　编　吴　玫
责任编辑　田　甜　李鸿敏　编辑热线　025-83593947

照　　排　南京紫藤制版印务中心
印　　刷　南京爱德印刷有限公司
开　　本　718×1000　1/16　印张 18　字数 330千
版　　次　2014年11月第1版　2014年11月第1次印刷
ISBN 978-7-305-14227-7
定　　价　248.00元

网　　址　http://www.NjupCo.com
新浪微博　http://e.weibo.com/njuyzxz
官方微信号　njupress
销售咨询热线　025-83594756